Nous pouvons (vraiment) vivre ensemble

Remerciements

Ce livre n'aurait pas vu le jour sans le concours de Antoine Sondag.

Imprimé en France *Printed in France*
ISBN : 978-2-7082-4192-3

Guy Aurenche,
Christophe Deltombe,
Pierre-Yves Madignier
Patrick Peugeot,
François Soulage

Nous pouvons (vraiment) vivre ensemble

LES EDITIONS DE L'ATELIER

Les Editions Ouvrières
51-55 rue Hoche
94200 Ivry-sur-Seine

INTRODUCTION

Ce livre est un pari, il constitue un projet commun élaboré par cinq personnes exerçant des responsabilités dans les principales associations de lutte contre l'exclusion sociale, il est au service d'une ambition, simple mais déterminée.

Ce livre est le fruit de nos rencontres, de nos échanges et de convictions que nous avons acquises peu à peu sur un certain nombre de questions qui touchent au vivre ensemble et que nous partageons. Nos cinq associations ont chacune une histoire propre et des domaines de compétence pour partie différents, pour partie comparables, mais l'inspiration qui les porte est commune : défendre la dignité des personnes les plus vulnérables, apporter des réponses humaines à des détresses et imaginer d'autres manières de vivre ensemble sans exclusion ni discrimination. Il ne s'agit pas là d'actions généreuses, mais d'engagement de nature politique au sens le plus noble du terme c'est-à-dire d'un engagement dans la cité pour la rendre plus humaine et plus fraternelle. Aujourd'hui nous faisons le constat d'un délitement du lien social, d'un affaissement des logiques institutionnelles de solidarité, d'une montée des individualismes et d'une peur croissante, souvent irraisonnée, d'un déclassement, d'une marginalisation, d'une précarisation. Il est vrai que l'incapacité des pouvoirs publics à réduire le chômage de manière significative (près de 4 millions de demandeurs d'emploi), à réduire la pauvreté (8,2 millions de personnes sous le seuil de pauvreté), à endiguer l'exclusion scolaire (150 000 jeunes quittent chaque année le système scolaire sans aucun diplôme), à limiter les phénomènes d'endettement des familles (en 2009, une famille sur cinq était en difficulté financière, aujourd'hui c'est une famille sur quatre), y contribue largement. Et puis l'embauche se fait aujourd'hui à 70 % en contrat précaire, ce qui aggrave l'inquiétude et rend difficile d'envisager le long terme. Tout cela renforce le chacun pour soi et conduit à des comportements de jalousie et de rejet de l'autre, en particulier celui qui est suspecté de venir prendre ce que nous avons du mal à obtenir ou à préserver. L'étranger, désigné comme responsable, est toujours la première cible en période de crise.

Comment faire pour que notre société vive en accord avec les principes qu'elle a inscrits au fronton de ses mairies et qui se trouvent dans les textes les plus fondamentaux qu'elle a signés ? Dignité de la personne, fraternité... sont des piliers de notre vivre ensemble. Pour notre bonheur, nos grands principes républicains français sont en totale harmonie avec les principes qui président ou devraient présider à la vie internationale, tels qu'ils sont consignés dans la Charte des Nations unies ou la Déclaration universelle des droits de l'Homme. La défense de la dignité de la personne en France ne peut être isolée de la défense et de la promotion de la dignité de la personne partout sur terre, c'est-à-dire d'abord au profit des populations les plus démunies et les plus vulnérables victimes de la misère, de la faim, de la guerre ou de la dictature.

2012, année électorale en France, moment privilégié pour tenter de se faire entendre des politiques et de l'opinion. Nous n'avons pas la prétention d'apporter des solutions. Nous voulons simplement, à partir de nos expériences et des postes d'observation qui sont les nôtres, exprimer nos inquiétudes et proposer des pistes d'action. La société française que certains qualifient de postindustrielle, postmoderne ou postcapitaliste, sécrète de la pauvreté, de l'exclusion, de la misère, de la précarité, de la vulnérabilité. Nos cinq associations, de par leur objet social constituent des postes privilégiés d'observation et d'analyse des mécanismes sociaux qui génèrent les exclusions. Les domaines d'action de nos associations sont très divers : actions de lutte contre la pauvreté et l'exclusion sociale, de solidarité, philanthropiques, humanitaires, caritatives, militantes, de défense des droits de l'Homme. Elles sont fondées sur un projet et sur l'engagement de citoyens bénévoles, faisant appel à la générosité du public, s'inscrivant dans le développement des peuples, proposant des alternatives économiques et sociales… Elles comptent des dizaines de milliers de militants, de salariés, de personnes accueillies, d'acteurs de citoyenneté. Mais il est important ici d'affirmer que nos cinq associations ne sont pas des services spécialisés de la société ou de la République, même si à l'occasion nous sommes amenés à solliciter des fonds publics pour nos actions, même si nous sommes parfois des délégataires de service publics, même si nous collaborons avec les services de l'État et des collectivités territoriales à l'élaboration de solutions, à la mise en œuvre ou à la gestion de dispositifs. Nous avons notre indépendance et nous n'acceptons pas la formule qu'un ministre a cru pouvoir dire à l'un d'entre nous : « Quand on perçoit des fonds de l'État on ferme sa gueule ! » De tels propos sont suffisamment significatifs de dérives politiques pour nous renforcer dans l'idée qu'il est au contraire indispensable de parler et de dénoncer ce qui ne va pas, en nous gardant de susciter des polémiques partisanes qui doivent rester l'apanage des politiques. Nous voulons mettre l'accent moins sur les maux collectifs (bien réels) que sur des mécanismes qui, dans notre société, ne cessent de fabriquer de l'exclusion, de la pauvreté et de la vulnérabilité.

Ce livre a l'ambition d'être une voix dans les débats français de 2012, année électorale. De plus, les crises sont des moments privilégiés pour porter un diagnostic sur notre santé collective, prendre des décisions et imprimer un cours nouveau à la marche de notre histoire nationale et européenne. Temps de crise, temps d'opportunité. En ayant recours aux informations et analyses que nos associations peuvent développer à partir de leurs pratiques de terrain, et aux valeurs affichées par chacune d'elle, valeurs en accord avec celles fondamentales de la République, nous avons la prétention de faire entendre avec force la revendication de dignité des personnes subissant la précarité sociale ici en France, et ailleurs en Europe et dans le monde. Il s'agit de réorganiser la société pour qu'elle mette enfin la personne humaine au centre des attentions, des innovations, des préoccupations et des projets, de développer des lieux d'invention sociale et économique, et de repenser la place de l'homme dans la société, quels que soient le continent d'où il vient, sa couleur de peau, son origine sociale, sa situation administrative, son passé et ses aspirations.

Chapitre 1

MENACES CONTRE LE PACTE SOCIAL ?

La société française est vivante, dotée de capacités réactives, créatives, inventives. Face aux difficultés, il y a partout des personnes capables de résister, de s'indigner, d'innover. Il existe chez nos concitoyens une capacité à la solidarité. Le délitement du lien social n'est pas inéluctable. Chaque année, nous le voyons dans les dons qui sont faits aux associations, aux fondations, aux ONG et dans nos cinq associations en particulier. En 2009, année où le Produit national brut (PNB) de la France a régressé, ce qui n'arrive que tous les dix ou vingt ans, les dons aux associations ont progressé. Sans doute tous les Français n'ont pas été touchés par cette crise ce qui explique en partie cette progression. C'est néanmoins un signe fort à la fois d'une capacité à se mobiliser, d'une approbation des actions menées par ces organismes humanitaires, mais c'est aussi le signe d'une réelle inquiétude des Français face à la crise, aux craintes de chacun de se trouver un jour en difficulté. Donner, c'est aussi se convaincre que la solidarité pourra jouer à l'occasion pour chacun d'entre nous. Il y a là matière à espoir : une société humaine a pour fondement essentiel le principe de solidarité. Sans elle, la violence reprend le dessus et la société disparaît inéluctablement. Et pourtant, nous sommes inquiets car de nombreux indices nous montrent que les conditions pour faire vivre cette solidarité dans les différents espaces de la société sont elles-mêmes remises en cause. Les liens sociaux qui tissent traditionnellement notre société se modifient à la faveur d'un individualisme renforcé par une pensée libérale anti-étatique, anti-régulatrice, et profondément élitiste. La loi du plus fort a repris du service et le plus faible ne doit s'en prendre qu'à lui-même, comme si chacun était seul responsable de son destin.

C'est le pacte social qui est alors ébranlé.

La fragilité du pacte social dans l'entreprise

Le malaise s'accroît dans les entreprises de France. La recherche de gains de productivité est abusivement orientée sur le court terme. Les relations sociales, elles aussi, se dégradent à cause d'une pression psychologique excessive. Le tout se déploie sur les constantes du paysage social français, marqué entre autres par un taux de syndicalisation très faible : 8 % en moyenne, tous employeurs confondus, et on sait bien que les taux dans le secteur privé sont bien plus faibles. Les signes du malaise social se multiplient. Le spectacle des salaires exorbitants de certains dirigeants, les bonus et autres *stock-options* engendrent ce sentiment qu'en bas et en haut de l'échelle hiérarchique et de celle des salaires, nous ne faisons plus partie du même monde. La rémunération du capital s'est accrue en créant une inégalité supplémentaire dans la répartition des richesses au détriment des salaires. Certains considèrent les droits sociaux comme des obstacles qu'il faut diminuer ou déconstruire pour renforcer les chances de la France dans la compétition d'une économie mondialisée. La recherche effrénée de gains de productivité passe dans certaines entreprises par des logiques de concurrence entre salariés qui les poussent dans un individualisme forcené. Cela détruit le lien social et crée des problèmes psychosociaux grandissants. Le pacte social est fragilisé dans l'entreprise, elle qui a pourtant été un lieu essentiel d'intégration.

La fragilité du pacte social avec les jeunes

Le pacte social est aussi menacé par la situation faite aux jeunes. Le taux de chômage chez les jeunes est au moins le double de celui de la population en général : plus de 20 %

chez les jeunes contre environ 10 % en moyenne[1]. Les emplois jeunes qui avaient montré leur efficacité ont disparu, le Revenu de solidarité active (RSA) n'est en principe pas accessible aux moins de 25 ans, sauf exception. L'école produit chaque année plus de 120 000 élèves déscolarisés, exclus de l'école sans diplôme, qu'on appelle de plus en plus souvent les décrocheurs (les *drop out* anglo-saxons)[2]. Cette même école, malgré les efforts de nombreux enseignants, s'organise souvent autour d'une compétition d'inspiration libérale : celle de tous contre tous. Toutes les études montrent que les résultats scolaires restent très fortement corrélés aux origines sociales et culturelles. L'ascenseur social très lié à l'ascenseur scolaire est en panne. Nous sommes en face d'une situation de reproduction sociale. Plutôt que de favoriser la création d'emplois, le gouvernement a opté en 2007 pour des heures supplémentaires défiscalisées, ce qui favorise les entreprises et les salariés au détriment des chômeurs, et notamment des jeunes qui attendent de pouvoir s'intégrer dans une entreprise[3]. On remarque également que le nombre des emplois aidés a régressé ces dernières années et que la désespérance des quartiers difficiles touche particulièrement les jeunes qui se sentent frappés de malédiction.

---

1. Le site de l'INSEE donne les derniers chiffres connus du chômage, ceux de l'année 2010 : 9,7 % des femmes sont au chômage, 9 % des hommes, mais 22,9 % des jeunes de 15 à 24 ans. Voir www.insee.fr (consulté en février 2012).

2. Le site de l'INSEE indique pour la France le taux de 12,3 % des 18-24 ans en situation de « sortie précoce » du système scolaire (une classification de l'Union européenne) ; 122 000 jeunes en moyenne annuelle sortent avec un niveau du brevet ou sans aucun diplôme. L'Observatoire des inégalités (voir le site www.inegalites.fr) croise diverses sources statistiques et indique, par exemple, 14 % des 18-29 ans ayant des difficultés dans l'un des domaines fondamentaux de l'écrit. Voir www.insee.fr (consulté en février 2012). Une classe d'âge comporte actuellement environ 790 000 personnes (entre 0 et 20 ans).

3. Loi TEPA, loi en faveur du travail, de l'emploi et du pouvoir d'achat (21 août 2007).

La menace du pacte social avec les populations les plus en difficulté

La pauvreté ne régresse pas : ce sont toujours plus de 8 millions de personnes qui se trouvent sous le seuil de pauvreté (moins de 60 % du revenu médian soit 954 euros par mois et par unité de consommation, ou encore 1 450 euros pour un couple). Les sans-abri existent toujours malgré le mot d'ordre du « zéro SDF » lancé par plusieurs gouvernements : ils sont entre 100 000 et 150 000, mais il semblerait que leur nombre ait augmenté durant la période récente. Les situations d'isolement s'accroissent comme un mal social qui frappe de préférence les personnes âgées, mais, plus récent et plus inquiétant, aussi les femmes seules avec enfants, dont d'ailleurs un quart vivent avec des ressources qui les placent sous le seuil de pauvreté monétaire. Pauvreté relationnelle et pauvreté monétaire sont corrélées et se renforcent mutuellement. Le phénomène des travailleurs pauvres semble lui aussi s'aggraver d'année en année. Il s'agit de travailleurs qui touchent un salaire si faible que le travail ne les met pas ou plus à l'abri de la pauvreté. En général, ils ont un emploi à temps partiel imposé qui ne leur permet pas d'échapper à la pauvreté compte tenu du niveau du salaire minimum. L'illettrisme touche encore plus de trois millions de personnes.

Un discours culpabilisant s'impose peu à peu, comme si les titulaires de minima sociaux ou les chômeurs étaient responsables de leur situation. Responsables et coupables ? Le discours social évoquant les personnes en bas de l'échelle des revenus se fait plus dur, moins compatissant, comme si ces personnes étaient, au choix, des paresseux ou des fraudeurs. En témoigne le récent discours sur l'éventualité de travaux obligatoires pour les titulaires de certains minima sociaux comme le RSA socle. Les politiques d'assistance sont dénoncées, le discrédit glisse facilement vers les personnes « assistées » elles-mêmes. Pourtant aucun minimum social ne met à l'abri de la pauvreté monétaire. Certains voient les « pauvres » comme des parasites. Cette désespérance des populations pauvres ou en voie d'exclusion s'étend comme par contagion aux travailleurs sociaux qui subissent restrictions budgétaires et désengagement de l'État.

La menace du pacte social par le rejet des populations migrantes ou d'origine étrangère

Comparée à ses voisins européens comme l'Allemagne ou l'Espagne, la France n'est pas très « accueillante » à l'égard des migrants. On parle ici simplement de chiffres d'entrées sur le territoire national, du nombre de migrants, de la proportion de la population étrangère sur le sol national. On ne parle pas de la qualité de cet « accueil ». Toutes les mesures prises année après année visent à restreindre le nombre de migrants. De plus, on entend une chanson détestable faisant de l'étranger le bouc émissaire de tous les maux français. Presque tous les ans, un nouveau texte est présenté au parlement, chaque fois plus répressif, pour limiter l'entrée de ceux qui, il faut bien le reconnaître, ne semblent pas ou plus être les bienvenus. On reviendra plus loin plus en détail sur cet aspect de la réalité sociale française. Pour le moment, disons qu'on assiste à une véritable compétition de populisme électoraliste qui voit une droite extrême détourner les mécontentements sur les étrangers lesquels seraient la cause des difficultés sociales et économiques. Cette posture rhétorique, qui consiste à désigner un groupe comme bouc émissaire, a beau être connue des Français, on la pratique encore en estimant que, même si la ficelle est un peu grosse, cela fonctionnera toujours.

Pour préserver et renforcer le pacte social, il faudrait adopter d'autres principes de gouvernement, d'autres politiques économiques et d'autres choix sociaux.

Le pessimisme des Français

Face à ce délitement du lien social, que chacun expérimente ou sent confusément, les Français se révèlent être pessimistes. C'est un constat, il est sans doute difficile de trouver une explication satisfaisante. Le risque est que ce pessimisme, cette peur de tomber dans l'exclusion engendre un climat de défiance vis-à-vis des personnes dans la difficulté qui ne peut qu'accroître les risques d'un affaiblissement de notre vie sociale. La crainte très forte de se retrouver à la rue n'est pas toujours bonne conseillère. Cela peut devenir un facteur toxique qui engendre une peur sociale. En tout cas, ce pessimisme semble être une spécificité française.

Cette peur latente se comprend mieux sur fond de discours politique et médiatique, ressassé à longueur de jour : c'en serait fini de l'État protecteur. Celui qui plonge ne doit compter que sur lui-même, il n'y aura pas de filet de sécurité. Ainsi, à force de dire que l'État n'a plus d'argent, on perd confiance dans la protection collective assurée par l'État ou la collectivité. Le discours insistant sur les difficultés financières engendre quasi mécaniquement l'impression que l'individu est seul et que l'État ne protège plus. Le discours politique et médiatique de la crise, de l'endettement, de l'épuisement des ressources financières de l'État engendre l'impression que le citoyen va être abandonné, qu'il est déjà abandonné à lui-même.

Des Français inquiets et désorientés

Les Français sont fatigués d'entendre qu'ils doivent se conformer sans cesse aux mutations technologiques, inquiets devant la mondialisation et la course à la compétitivité, désorientés par les migrations et la fragmentation croissante à leurs yeux de notre société. Ces Français pessimistes ont le sentiment d'être broyés par une machine économico-politique devenue folle.

Cette France inquiète ne se confond pas avec la France pauvre rencontrée dans nos associations. Elle est juste « au-dessus », ou juste « à côté » comme un halo de cette France pauvre dans laquelle ces Français inquiets ont peur de tomber.

Certains sondages sont préoccupants, tel celui réalisé à la demande d'Emmaüs : 50 % des Français craignent de se trouver un jour à la rue. Le pessimisme des Français est révélateur : certaines catégories de Français ont l'impression d'être abandonnées.

Aujourd'hui, environ 70 % de l'embauche se fait en emploi précaire. Tous les jeunes démarrent quasiment en contrat d'intérim ou à durée déterminée. En même temps pour trouver un logement, on exige un CDI. Les jeunes sont priés d'attendre, de différer leur projet de vie, de remettre à plus tard l'idée de fonder une famille, c'est l'impasse.

Autre observation : les catégories de cadres moyens redoutent que leurs enfants vivent un déclassement. Les sociologues Éric Maurin ou François Dubet ont bien repéré cette crainte du déclassement vécue par nombre de familles[4], même s'ils nuancent par leurs analyses la réalité de ce déclassement. Ce sentiment et cette crainte alimentent le pessimisme. L'idée s'installe chez beaucoup que leurs enfants vivront moins bien qu'ils n'ont eux-mêmes vécu. Image familiale et familière du déclassement.

En France, ces dernières années, le chômage est devenu structurel, les inégalités se sont accrues, l'exclusion a touché des milieux nouveaux. Or, les faiblesses individuelles et sociales sont de plus en plus considérées comme des tares et des occasions de rejet et non plus des motifs à pratiquer la solidarité.

Les plus fragiles en particulier se sentent abandonnés. Il faut citer ici un événement récent significatif du sentiment d'abandon des catégories les plus vulnérables. En septembre 2011, le parlement, pour augmenter les recettes fiscales, a voulu instaurer une taxe sur les suites de luxe des grands hôtels. Le lobby hôtelier a été efficace : cette surtaxe sur les hôtels haut de gamme n'a finalement pas été votée. Peu de temps après, une proposition de loi fut déposée par un parlementaire et adoptée par l'Assemblée nationale visant à exiger un justificatif

4. Voir François Dubet, *Les places et les chances*, Le Seuil, 2010 ; Éric Maurin, *La peur du déclassement*, Le Seuil, 2009

de domicile pour la location d'un emplacement de camping ajouté à une taxe de séjour pour les personnes qui y restent plus de trois mois. On veut ainsi ignorer ou feindre d'ignorer que 100 000 de nos concitoyens vivent en camping à l'année faute d'avoir un logement. Exemple parmi d'autres de signal envoyé vers les personnes qui subissent la précarité, symbolique mais révélateur.

La pauvreté subjective

Les sondages d'opinion nous apprennent que le seuil de pauvreté tel que défini par l'INSEE correspond à peu près au sentiment qu'a la grande majorité des Français lorsqu'on leur demande où commence la pauvreté. Les spécialistes parlent de pauvreté subjective, celle qui est ressentie par les personnes concernées, et cela correspond aussi approximativement à la pauvreté monétaire mesurée par l'INSEE.

Des chiffres encore : le chômage ne cesse d'augmenter en cette période de crise financière et économique. 2,9 millions de personnes sont au chômage en France métropolitaine (9,3 % de la population, chiffres de l'Insee, selon les définitions du Bureau international du travail, le BIT), mais 3,4 millions de personnes sont à la recherche d'un emploi[5]. 3,6 millions de personnes ne sont pas logées ou sont mal logées (chiffres de la Fondation Abbé Pierre). Et si l'on considère les prix du logement qui ont explosé, on peut dire que 10 millions de personnes ont des difficultés à trouver un logement dont le coût serait en harmonie avec leur

---

5. Un chômeur au sens du BIT est une personne en âge de travailler qui n'a pas travaillé au cours de la semaine de référence, qui est disponible pour travailler dans les deux semaines et a entrepris des démarches de recherche d'emploi dans le mois précédent.

Les personnes sans emploi qui souhaitent travailler ne sont pas nécessairement au chômage au sens du BIT, par exemple parce qu'elles ne sont pas disponibles dans les deux semaines pour travailler ou parce qu'elles n'ont pas effectué de démarches de recherche d'emploi.

niveau de revenus[6]. Il faudrait continuer à aligner des chiffres pour mesurer plus finement la précarité.

On pourra estimer que ces chiffres sont abstraits, lointains, exagérés. Personne ne pleure devant une statistique. Certains soutiennent d'ailleurs que prétendre que 13 % des Français vivent dans la pauvreté est une manière de ne pas prêter une attention suffisante au noyau dur de l'exclusion sociale. Globaliser affaiblit la démonstration, c'est vrai. Dire que 8 millions de Français vivent dans la pauvreté monétaire peut impressionner par l'importance du chiffre. Mais cela peut aussi conduire à ne plus voir ceux qui vivent dans la misère en mettant uniquement le projecteur sur les Français qui vivent dans la précarité sociale. Car les chiffres additionnent des situations qui n'ont rien de commun : ceux qui se situent juste en dessous de la ligne de pauvreté avec ceux qui en sont très loin. Et pourtant c'est très différent de tomber dans la pauvreté à la suite d'un coup dur (perte d'un emploi, dépenses imprévues, rupture familiale...) et de rester dans la misère d'une manière permanente, d'y avoir toujours stagné parfois depuis la naissance, de ne rien avoir connu d'autre que cette vie faite d'expédients.

La parole des personnes concernées

Plus significatifs encore que l'avalanche des chiffres, les témoignages des personnes qui vivent dans la pauvreté. Par exemple, cette femme qui déclare : « Je me suis aperçue que j'étais pauvre le jour où j'ai constaté que tous ceux qui me parlaient étaient payés pour le faire. » Seuls, les travailleurs sociaux lui adressaient la parole. Elle se retrouvait dans un extrême isolement : une famille qui ne répondait plus, des amis aux abonnés absents, des voisins qui s'éloignent. L'absence de travail limite les relations, les sorties et peu à peu les relations

---

6. Voir le rapport de la *Fondation Abbé Pierre pour le logement des défavorisés* sur le site www.fondationabbepierre.org (consulté en février 2012).

professionnelles. Pas d'argent, pas de sortie, peu à peu le sentiment de honte prend le dessus : ne pas être comme tout le monde. Et on ne sort plus, pour ne rien dépenser, pour n'avoir pas à se comparer aux autres. Pour ne pas devoir dire toujours non aux enfants qui veulent acheter.

La pauvreté devrait être définie par ceux et celles qui la vivent. « La pauvreté, c'est être traité comme rien, moins que rien, et l'accepter. » « La pauvreté, c'est avoir besoin d'aide, mais avoir trop peur d'être jugée comme une mère incapable pour demander cette aide. » « La pauvreté, c'est raconter toute ma vie encore et encore [à des travailleurs sociaux], simplement pour obtenir ce à quoi j'ai droit. » On pourrait et on devrait continuer de citer et d'écouter ces personnes qui parlent d'expérience lorsqu'on leur demande de définir la pauvreté.

Il faut commencer par se mettre en face de cette réalité. Dans un pays comme la France, une fraction de la population vit dans la pauvreté, c'est-à-dire qu'elle subit cet abaissement, cette humiliation permanente, cette honte qu'est la pauvreté dans une société riche. La pauvreté, c'est vivre dans la peur, dans l'attente, dans la honte, dans l'absurdité souvent (pas de logement donc pas de travail ; pas de travail, donc pas de logement). Être pauvre, c'est mener une vie étriquée, une vie racornie...

La pauvreté, c'est une chose, la misère, c'en est une autre. C'est ce sentiment d'une fatalité qui vient du fond des âges, un poids qui pèse depuis la naissance et dont on ne se libérera pas. « Quand on est pauvre, on décide toujours à notre place. » Voir passer la vie avec le sentiment de ne pas en être. « Tu ne peux pas savoir si tu aimes la danse si tu n'as jamais dansé. » « La misère, ça te ronge, ça use. » « La crise ? Quelle crise ? On a toujours été dans la crise ! »

La pauvreté dans le monde

On doit élargir son regard lorsqu'on envisage cette réalité fondamentale de la pauvreté et de la grande pauvreté dans le monde actuel, alors que jamais au cours de l'histoire de l'humanité on n'a produit autant de richesses qu'aujourd'hui malgré les discours obsédants sur la crise (en Europe), jamais l'humanité n'a eu à sa disposition autant de moyens d'éradiquer cette grande pauvreté.

Rappelons rapidement quelques données : sur les 7 milliards d'habitants de la planète en ce début 2012, plus d'un milliard ne disposent pas d'un euro par jour et par personne pour survivre[7]. Un milliard d'habitants sont mal nourris. Près de 900 millions d'adultes sont analphabètes, dont deux tiers sont des femmes. Près de 450 millions d'enfants souffrent d'insuffisance pondérale. Plus d'un milliard de personnes n'ont pas accès à l'eau potable. Ceci n'empêche pas la Banque mondiale d'affirmer en ce début d'année 2012, que la grande pauvreté a diminué dans le monde, en ne se fiant qu'à des montants de revenus sans faire référence à l'évolution des prix et des besoins essentiels, sans tenir compte des difficultés croissantes d'accessibilité à ces biens essentiels.

La définition de la pauvreté avec les personnes concernées et les organismes concernés

Les études sur la pauvreté au plan mondial, au plan européen et au plan français ne manquent pas. On trouve souvent des statistiques sur les revenus des personnes et des ménages, mais aussi sur l'accès au travail, au logement, au système de soin, au système éducatif et de formation pour adulte. On peut les trouver sur les sites d'organismes mondiaux comme ceux de la Banque mondiale ou du PNUD, ou encore de l'organe statistique européen Eurostat[8]. Pour la France, on trouvera

7. Les chiffres indiqués ne sont que des ordres de grandeur, ils proviennent des statistiques du Programme des Nations unies pour le développement, le PNUD qui produit l'intéressant Indice de développement humain. Voir le site www.unpd.org (consulté en février 2012).

8. Voir le site www.epp.eurostat.ec.europa.eu (consulté en février 2012).

des statistiques commentées sur le site de l'Observatoire national de la pauvreté et de l'exclusion sociale[9].

Cependant, on constate que, le plus souvent, il n'y a pas d'examen simultané des données qui permette de mesurer combien de personnes ou de ménages cumulent les difficultés (pas d'argent, pas de logement, pas de travail, pas d'accès au soin, pas de bonne scolarité, etc.) et depuis combien de temps. Or, on sait que les personnes et les familles les plus pauvres sont dans cette situation d'accumulation des difficultés dans la durée. La pauvreté dans la France actuelle pourrait aussi se décrire comme un handicap cumulatif. Elle n'est pas seulement monétaire.

Il serait important que les organismes produisant des statistiques sur la pauvreté associent des personnes qui vivent cette condition, afin de définir ensemble des indicateurs pertinents de la lutte contre la pauvreté. Les personnes vivant des situations de pauvreté disposent d'un vrai savoir et d'une expertise pour définir ce qui constitue la pauvreté, et pour envisager les moyens d'en sortir. Les chiffres ne remplacent pas le contact direct avec une personne vivant dans une situation de pauvreté ou de précarité. Ils ne servent qu'à indiquer l'ampleur du phénomène.

Les conclusions de ce rapide tour d'horizon pour mesurer cette réalité de la pauvreté au plan statistique, que ce soit au plan mondial ou national, se résument en quelques mots. Dans une société riche comme la nôtre, la pauvreté est d'autant plus rude à vivre. Ne pas pouvoir « vivre comme tout le monde » est en soi un facteur d'exclusion sociale. Les personnes en situation de pauvreté sont, de fait, exclues du mode normal de travail, de consommation, de mobilité et de participation sociale. L'exclusion sociale est aussi difficile à vivre que le manque de moyens matériels. C'est comme si la société disait à certains de nos concitoyens : nous n'avons pas besoin de vous, vous êtes inutiles, vous ne servez à rien. Voilà la violence de la pauvreté.

9. Voir le site www.onpes.gouv.fr (consulté en février 2012).

La misère ajoute à la pauvreté la dimension de destruction du lien social, elle est déshumanisante. La misère, parce qu'elle porte sur le manque de l'absolu nécessaire, est une violation des droits de la personne. Le combat pour la dignité passe par la lutte contre la misère, résultat ultime et extrême de la précarité, par le respect des droits de tous et de chacun, donc par un respect spécifique des droits des plus démunis et des plus vulnérables, qui sont les droits de tous. « Là où des hommes sont condamnés à vivre dans la misère, les droits de l'Homme sont violés. S'unir pour les faire respecter est un devoir sacré. » Cette citation de Joseph Wresinski est inscrite sur le parvis des droits de l'Homme au Trocadéro à Paris. S'unir pour éradiquer la misère et combattre la pauvreté est indispensable. Mais comment faire ? Où agir ? Comment comprendre ce qui se passe, deviner les visages d'une précarité sociale qui peut être invisible, si notre regard n'est pas aiguisé, attentif aux personnes qui sont bafouées dans leur dignité.

Chapitre 2

NOUVEAUX DÉFIS POUR CEUX QUI TISSENT LE LIEN SOCIAL

La misère et la pauvreté ne se résument ni à des concepts ni à des chiffres, elles ne peuvent se combattre efficacement qu'à la condition d'identifier le plus précisément possible les lieux de fracture, là où se joue la question décisive : vouloir vivre ensemble ou bien détourner notre regard en admettant implicitement ou explicitement qu'il y a des irrécupérables, des inemployables, des inutiles.

La question est adressée aux pouvoirs publics, aux responsables politiques, à ceux qui tissent le lien social, à chacun d'entre nous. Avant d'y répondre, prenons le temps d'identifier ce qui s'est passé, les raisons du changement dans les relations sociales, mais aussi et surtout les lieux et les personnes qui sont mises aujourd'hui en situation d'exclusion.

Le lien social ne s'érode pas, il se transforme

Le lien social s'érode-t-il, s'affaiblit-il ? Cette question offre un sujet légitime de débat. Il est certain que l'évolution de notre société opère des mutations sur des segments de population tels que les salariés. Une partie de la population était imprégnée il y a quelques dizaines d'années de cette « culture ouvrière », qui ne se confondait pas totalement avec la culture populaire. Elle était faite de divers ingrédients : la solidarité du groupe, la culture du conflit social et de la négociation, le contact, la rencontre, la conviction forte que l'on n'est rien si on reste seul, le groupe existe et il protège, la vie de quartier est importante... C'était l'époque d'un syndicalisme fort, de luttes sociales nombreuses qui ont fait progresser la condition ouvrière et que les Trente Glorieuses pouvaient supporter, d'un militantisme politique en lien avec les organisations syndicales, et d'une assurance que l'engagement faisait courir des risques limités car on avait la certitude de retrouver facilement un emploi.

Dans les cités construites au début des années 1970, une vie de quartier était la traduction territoriale de la solidarité inhérente à la culture ouvrière mise en œuvre à l'usine, au syndicat, et aussi dans les à-côtés de la vie à l'usine : trajets domicile-usine, nombreux cafés, associations sportives.

À côté, parfois en face de cette culture ouvrière, il y avait une France rurale aux liens sociaux traditionnellement plus forts que dans le monde urbain. Certes, cette vision de la France d'hier est un peu schématique. Ces deux espaces que sont la France ouvrière et la France rurale se sont aujourd'hui considérablement transformés, mais ces références permettent néanmoins de mieux comprendre une certaine nostalgie d'un lien social plus fort et plus solidaire.

Ces deux France ont changé. La culture ouvrière n'est plus visible, elle s'est fragmentée, privatisée. Les modes de production ont changé. En légère régression numérique, elle s'est surtout diversifiée. Une des transformations majeures, trop peu soulignée, est l'éclatement des lieux de travail et d'habitat avec pour conséquence une individualisation croissante du rapport entre la vie de travail et la vie en dehors de celui-ci. Hier, le lien était fort entre les deux. Aujourd'hui, ce sont des temps et des lieux séparés.

Ainsi à Nanterre il y a quelques décennies, 4 000 ouvriers entraient et sortaient en même temps de leur usine. Les cafés alentours, les équipes de foot, des syndicats influents, toute la vie sociale tournait autour de la vie ouvrière, de la vie en usine. Cette disposition géographique créait et entretenait un lien social fort, qui n'existe plus. Le travail n'est plus aussi concentré qu'il l'était dans de telles usines, avec un fort taux d'employabilité. Les bureaux ont remplacé les usines, les horaires sont variables, les tâches parcellisées, les entités juridiques dispersées. Les employés ont en partie remplacé les ouvriers. Ce travail plus rare et plus diversifié n'est plus autant qu'hier un lieu de socialisation et de construction de lien social. L'urbanisation actuelle, où les lieux de résidence sont largement déconnectés des lieux d'emploi, est devenue elle aussi un facteur de délitement du lien social. Il faut ajouter à cela, dans les grandes agglomérations, le temps consacré au déplacement domicile-travail. Malgré la diminution du temps de travail, le temps disponible pour chacun n'a guère augmenté dans les mêmes proportions : ce temps « libéré » en partie consacré au trajet domicile-emploi, s'est déplacé vers des activités plus hédonistes et souvent sans grand engagement social. À l'éclatement des lieux correspond un éclatement des temps sociaux.

L'analyse est rapide, nous en convenons, mais elle a pour objet de mettre en évidence les facteurs expliquant pourquoi le lien social donne l'impression de se déliter. Peut-être est-ce vrai surtout pour cette tranche de la population, ouvrière-banlieusarde, jadis très intégrée par des moyens forts de socialisation (syndicats, vie ouvrière, loisirs « ouvriers »...). On ne saurait généraliser. Mais cet exemple, limité dans le temps et l'espace géographique, nous donne une indication sur les mécanismes à l'œuvre dans notre société et qui peuvent conduire à un moindre lien social aujourd'hui.

La précarisation dans l'emploi également affaiblit les modes de constitution du lien social ; de plus la désinstitutionalisation décrite par François Dubet, qui touche l'école et les églises, aggrave ce phénomène. La socialisation est en partie le fruit d'une démarche volontariste dans les associations sportives, de loisirs, culturelles ou religieuses. C'est une socialisation volontaire, et non pas structurelle (comme à l'usine !). Le lien social structurel semble en déclin, alors que le lien social volontaire subsiste et même se développe.

Aujourd'hui, l'individu est sommé d'être autonome et malheur à celui qui n'y parvient pas. Ce constat a quasi mécaniquement des effets discriminants : entre ceux qui sont capables de créer de tels liens, et ceux qui n'ont pas les moyens d'assumer leur autonomie ou ne le veulent pas et se trouvent isolés.

Notre société inégalitaire est cruelle pour ceux qui n'ont pas spontanément, culturellement ou géographiquement, la capacité de bénéficier de liens sociaux forts. Cet écart reflète d'autres inégalités et les renforce. On retrouve ici toute la question du capital social dont dispose chaque individu, qui concerne surtout les personnes en activité.

La distinction classique entre « solidarité mécanique » fondée sur les liens traditionnels, familiaux notamment, et « solidarité organique » issue de la division du travail est particulièrement d'actualité. Le lien social qu'on peut associer aux mécanismes de solidarité suit le mouvement décrit par Durkheim, auteur de cette distinction, par l'effacement progressif de la première au profit de la seconde. Mais à son tour la solidarité organique faiblit devant l'affaissement de l'État-providence. Aujourd'hui il est fait injonction à chacun de se réaliser par lui-même, dans une démarche individualiste qui peut être bénéfique pour les plus forts et destructrice pour les plus faibles. Cette question du lien social est intimement liée à celle de l'exclusion. Les exclus sont le plus souvent les isolés et l'extrême isolement produit la misère.

Solitude et isolement

La canicule de 2003 a brutalement réveillé l'opinion et attiré l'attention sur la situation des personnes âgées isolées. Celles qui sont décédées cet été-là le furent moins à cause de la chaleur que de leur isolement qui les a empêchées de prendre les mesures adéquates afin de ne pas souffrir de cette vague de chaleur. Depuis, la prise de conscience de ce phénomène est allée en grandissant. Ce sont surtout les personnes âgées qui souffrent d'isolement, mais pas seulement elles. Beaucoup d'associations, avec leur connaissance du terrain, touchent des publics qui échappent aux enquêtes habituelles.

Une enquête menée par un collectif d'associations, dont le Secours catholique, permet de mieux connaître cette réalité de la solitude dans la France contemporaine.

Un premier groupe rassemble des personnes plutôt âgées : elles n'ont souvent plus de conjoint, elles ont des problèmes de santé invalidants et sortent peu de chez elles. Elles ne fréquentent en particulier jamais ou presque jamais un lieu de rassemblement. Ces personnes ont une vie relationnelle réduite, elles sont, de fait, isolées et en souffrent.

Un autre groupe est constitué de personnes parfois jeunes, ayant de graves difficultés économiques, au chômage ou sans domicile stable, parfois étrangères, sans ressources ou avec de faibles ressources. En général, elles n'ont personne à qui faire confiance ou à faire appel, et elles souffrent d'une solitude subjective.

Dans les deux cas, il y a une forte relation entre ce qui est ressenti, la solitude, et la réalité mesurable : l'isolement. Les personnes qui se sentent seules sont effectivement le plus souvent isolées. L'exclusion relationnelle est parfois causée et souvent renforcée par les difficultés économiques. Chez les personnes âgées, le nombre de celles qui ont du mal à s'en sortir est moindre que dans la moyenne de la population, et il est rare qu'elles fassent des dettes ou soient sans ressources. C'est que la pauvreté monétaire des personnes âgées a été bien réduite depuis quelques décennies sans avoir pourtant totalement disparu. Elle a laissé place à bien d'autres difficultés liées à l'allongement de la durée de la vie, au désir de demeurer à son domicile, avec une dépendance légère sans que les services disponibles suivent l'évolution des besoins de ces populations, et que les ressources financières des personnes puissent payer des services de plus en plus souvent à la charge de la personne âgée.

L'isolement des plus jeunes

Bien plus fréquente, et surtout moins connue, l'exclusion relationnelle apparaît aux âges de la vie active provoquée ou renforcée par des difficultés monétaires. Mener une vie « normale » exige des moyens financiers. En manquer, limite les activités et créé des inhibitions. Ainsi, il est apparu qu'un grand nombre de personnes en situation de précarité ou de pauvreté monétaire sont de fait « assignées à résidence » dans leur immeuble, leur quartier, leur ghetto, disent certains. Il y a aussi la question plus complexe de ce qu'on peut appeler le capital social, c'est-à-dire la somme des relations sociales que la personne a été capable de se constituer et d'entretenir. À un âge jeune, on constate que les relations sociales se font d'abord au travail. Ne pas avoir d'emploi, disposer d'un emploi précaire, à durée limitée, instable, ne permet guère de se faire des amis ou des connaissances. Les enquêtes attestent également que la capacité à se faire des amis et des relations est en fait corrélée avec un certain capital culturel, c'est-à-dire avec le niveau de diplôme atteint par la personne. D'où ce sentiment d'une vie racornie, d'une vie au rabais, d'une vie qui passe et où « on n'est pas dedans » éprouvé par tant de personnes vivant dans la pauvreté monétaire.

La solitude des personnes âgées ou très âgées paraît alors plus banale et mieux connue. Mais cela ne doit pas empêcher de repérer les modifications qui s'opèrent sous nos yeux pour de multiples raisons. Et de tenter d'identifier les moyens les plus adéquats de lutter contre elle.

Le vieillissement isole de différentes façons qui concourent toutes au même résultat. La perte du conjoint et des proches, l'apparition et l'aggravation des problèmes de santé, la perte d'autonomie, la réduction progressive de la vie relationnelle dressent autour des personnes âgées un mur de solitude. Ce qui est nouveau dans notre société est que l'âge à partir duquel se produisent ces grands changements qui isolent est lui-même en recul. On a identifié les âges charnières de 78-83 ans comme la période de bouleversement : c'est à ce moment-là qu'augmentent les difficultés pour voir, entendre, se déplacer, c'est la perte d'autonomie, on renonce à conduire soi-même sa voiture. Parfois légères au début, ces détériorations sont cependant irréversibles, de plus en plus handicapantes. La solitude devient ainsi comme une « souffrance ajoutée ». À la douleur morale de perdre son conjoint, aux douleurs physiques plus fréquentes ou plus présentes, à l'épreuve de la perte d'autonomie s'ajoute la souffrance de se sentir seul sans pouvoir toujours y remédier par soi-même.

Cela n'étonnera personne de constater que ce sont les liens familiaux qui restent les plus forts antidotes à l'isolement. Aux membres de la famille l'on peut presque tout demander. Faire les courses, parler de choses intimes, bavarder longuement, confier la clé de l'appartement, se faire emmener à l'hôpital, héberger quelqu'un, prêter de l'argent... voilà ce qu'on demande à ses proches. Mais on ne demande pas tout cela à tous les proches. Pouvoir formuler plusieurs requêtes ou toutes parmi cette liste est l'indice précisément que l'on n'est pas totalement isolé.

Notre société n'est pas démunie devant cette question de l'isolement, sans doute sous-médiatisée. Les pouvoirs publics n'ont pas toutes les cartes en main. Ils ont eu tendance à « médicaliser » la question, à augmenter les prises en charge. Or, ce que souhaitent les personnes âgées est précisément de rester chez elles, de rester autonomes, de ne pas être confiées à des structures de type résidence pour personnes dépendantes ou hôpital... L'avenir passe sans doute par une meilleure coordination des actions entre les acteurs publics et associatifs particulièrement présents sur ce créneau. Il faudra savoir multiplier les actions visant à restaurer un lien social et les relations intergénérationnelles en créant des temps et des lieux de rencontre solidaire sur tout le territoire. Il faudra sans doute aussi changer le regard porté sur les personnes âgées et leur utilité sociale. C'est dire que l'on n'attend pas une solution miracle des seuls pouvoirs publics. Même s'il est essentiel que l'État garantisse un minimum de ressources pour vivre cet âge de la vie et pour financer les coûts liés à la dépendance.

Dans cette liste des pauvretés « nouvelles », déplaçons maintenant notre regard de l'isolement à la maladie psychique. Ce n'est peut-être pas sans lien !

Les malades psychiques

On ne peut qu'être impressionné par la fréquence et l'ampleur des maladies psychiques, et par l'incapacité de notre société à les prendre en charge correctement. Des lieux d'observation tristement privilégiés que constituent nos associations, nous ne pouvons que souligner l'importance du phénomène. En prison, dans les centres d'hébergement, parmi les errants de nos rues, au sein des catégories très exclues de notre société, celles qui cumulent les handicaps et les empêchent durablement de rejoindre le marché du travail ou du logement « normal », nous constatons le nombre impressionnant de malades psychiques. Quiconque se promène en journée dans nos villes ne peut qu'être impressionné par le nombre de ceux qui errent, qui marmonnent pour eux-mêmes, et non pas dans leur téléphone *high-tech*, qui se parlent à eux-mêmes, comme s'ils parlaient à d'autres qui ne veulent pas les entendre ! Les travailleurs sociaux font ce même constat : la misère, la très grande pauvreté, les difficultés d'adaptation endurées par des jeunes (et parfois des moins jeunes) ont une forte dimension psychique. Cela ne signifie pas que ce soit « la » cause de leurs difficultés. La pauvreté, la vie à la rue interagit avec les processus psychiques.

Comme le dit assez crûment un salarié de nos associations en charge des personnes à la rue : « Ils ne sont pas à la rue parce qu'ils sont fous, mais la vie à la rue rend fou. » Mais ils peuvent aussi être à la rue parce qu'ils sont malades psychiquement et abandonnés à leur pathologie.

Ce mal-être psychique est une composante importante de l'exclusion sociale. Pourtant, ces failles ne sont pas traitées efficacement. On ne réglera pas les problèmes sociaux des plus fragiles si on ignore cette dimension. Il faut le répéter : la prison n'est pas un milieu où on peut soigner les maladies psychiques. De plus, notre système social consacre infiniment plus d'efforts et d'argent à la santé physique qu'à la santé mentale. On laisse sans soin tant de jeunes, qui hantent nos rues. Le bruit médiatique ne fait que refléter et amplifier cette différence d'attention portée à la santé psychique et à la santé physique. Les frustrations et les angoisses alimentent la machine à produire et à consommer. Les maladies psychiques n'ont-elles pas quelque chose à voir avec le type de société dans lequel nous vivons, le mode de consommation, le mode de relations et l'évolution des modes de vivre ensemble ?

Le traitement des maladies psychiques a beaucoup évolué depuis une trentaine d'années. On a renoncé très largement à l'enfermement. Indifférence ou surdité volontaire enferment les personnes en souffrance psychique dans leur pathologie. Ne pas exister aux yeux d'autrui est l'une des formes les plus violentes de l'exclusion.

Les personnes ayant connu la prison

Pendant la détention ou à la sortie de prison, agir auprès des personnes confrontées au milieu carcéral et auprès de leurs familles est vital.

La justice incarcère bien souvent des personnes pour lesquelles l'enfermement n'est pas une solution. Ce passage en prison vient souvent aggraver des situations de fragilité, de vulnérabilité sociale et professionnelle, et amène à vivre au sein d'un milieu qui favorise la récidive.

La politique pénale actuelle est orientée vers la recherche de réponses rapides, répressives avec des peines plancher pour les récidivistes, et parfois de courtes peines effectuées dans des prisons surpeuplées. Tous les spécialistes savent qu'il faut développer des alternatives à la détention associée à une démarche volontariste en matière d'aménagement de peine pour obtenir de meilleurs résultats en termes de lutte contre la récidive, ce qui finalement représente un moindre coût pour la collectivité. La politique d'incarcération acharnée ne mène à rien, sinon à des effets d'annonce pour un grand public qu'il vaudrait mieux informer sur les réalités pénales.

Il faut développer des peines alternatives à la détention telles que les travaux d'intérêt général (TIG). L'emprisonnement ne devrait être envisagé que comme une mesure de dernier recours. L'urgence n'est donc pas à l'ouverture de nouvelles prisons, coûteuses pour le contribuable, mais à la suppression des peines plancher, en totale contradiction avec la tradition judiciaire française de personnalisation des délits et des peines. L'urgence est à la mise en place de moyens pour l'exécution de courtes peines en milieu ouvert, à l'amélioration du suivi en vue d'une insertion et d'une réelle prévention de la récidive. L'État doit aussi s'investir dans une politique sanitaire de prise en charge des personnes atteintes de difficultés psychiatriques afin qu'elles évoluent dans une structure adaptée à leur état de santé.

Pour améliorer la qualité des prisons, il faut mettre fin à la promiscuité dégradante de trop de prisons françaises, qui engendre des comportements violents envers autrui ou retournés contre soi. La France détient de tristes records en matière de suicide en prison. Une attention particulière doit être portée aux détenus indigents et aux détenus isolés. Enfin, la situation des incarcérés ne peut être séparée de celle de leurs familles, lorsque les relations ne sont pas rompues. Les visites des familles aux détenus contribuent fortement à leur réinsertion et la création de lieux d'accueil pour les familles les visitant est à soutenir. Autant de mesures indispensables et judicieuses qui sont possibles. Envisager des dépenses supplémentaires pour les détenus n'est jamais populaire, mais il s'agit ici d'un investissement, qui d'un simple point de vue économique (économiser l'argent du contribuable) est rentable si l'on considère le coût élevé que représente une récidive pour la collectivité. À cela s'ajoute l'argument éthique : les détenus méritent le respect, il y va de la dignité des citoyens privés de liberté. Ces affirmations reposent non seulement sur nos convictions, mais aussi sur les pratiques mises en œuvre par nos associations à l'intérieur des lieux de détention, ou en marge de ces lieux au profit des familles.

Il convient d'envisager une aide à la réinsertion dès la sortie de prison. En effet, l'incarcération signifie aussi la fin du travail, l'absence de ressources, trop souvent la rupture des liens familiaux, l'exclusion de la vie sociale... À l'évidence, la réinsertion est d'autant plus difficile pour des personnes qui ont perdu ces liens du fait de leur passage en prison. La prison ne doit pas et ne peut pas oublier sa mission de réintégration des détenus dans la société, ce qui demeure le parent pauvre de la politique pénitentiaire. La sortie de prison est un moment difficile à vivre mais un moment crucial cependant pour réussir une réinsertion. Nos associations ont des expériences de divers types dans ce domaine qui pourraient utilement enrichir le débat public sur ces questions, et l'éloigner d'assertions aussi fortes qu'inefficaces, au relent populiste... [1]

Personnes victimes de l'exclusion bancaire

Il est aujourd'hui impossible de mener une vie normale en l'absence d'un accès approprié aux produits bancaires. La difficulté pour toute une partie de la population est que ces services sont commercialisés par des établissements soumis aux contraintes croissantes du marché des capitaux en termes de rentabilité et de compétitivité. Or les services bancaires ont des tarifs de plus en plus élevés et supportent très mal le risque. Il en découle un processus de sélection des clientèles au détriment des plus fragiles. Le processus d'exclusion bancaire qui en découle, est dès lors en marche, au détriment de ceux dont le niveau de

---

1. On consultera sur ces points le document d'Emmaüs « Mobilisons nos voies(x) », le chapitre « La prison : il ne suffit pas d'en sortir pour s'en sortir », sur le site : www.emmaus-france.org/Mobilisons_nos_voix/ (consulté en février 2012).

solvabilité, la situation ou les savoir-faire ne satisfont pas les exigences des prestataires. Cinq à six millions de Français ont ainsi un accès limité aux banques. Ils ont certes un compte bancaire avec chéquier, mais n'ont pas forcément accès au crédit, sont exposés à des agios exorbitants, du fait de leur fragilité. Trop souvent ils doivent avoir recours à des crédits dits « renouvelables » très coûteux et peu transparents.

L'exclusion bancaire provoque et aggrave la spirale de l'exclusion sociale. Car si la législation a instauré le droit à un compte bancaire en 1984, les détenteurs en France ne sont pas tous égaux devant son utilisation. Pour certaines catégories de personnes, il existe un véritable « illettrisme » de l'argent. Les personnes les plus fragiles sont celles qui sont exposées à la violence des mécaniques de recouvrement des dettes qui les mettent dans l'incapacité de rembourser. Les frais bancaires prélevés par exemple dès quelques euros de découvert aggravent lourdement la situation des personnes en difficulté. Conséquence, le renoncement à des achats indispensables, à des soins ou à des formations, eux aussi nécessaires. Ce phénomène de l'exclusion bancaire est pour le moment sous-médiatisé et assez méconnu. Il reflète le processus plus large de la précarité de certains de nos concitoyens et l'aggrave en même temps[2].

Cette exclusion tient largement au fait que le modèle économique de la banque a changé. On est passé d'un modèle de service public à un modèle d'entreprise financière. L'objectif pour les banques de réaliser des profits importants a conduit à un changement en ce qui concerne les crédits aux particuliers : au lieu de se rémunérer sur l'épargne déposée, les banques se

2. Sur le sujet, on consultera le *Manifeste pour l'inclusion bancaire*, publié par le Secours catholique, l'UNCCAS (Union nationale des centres communaux d'action sociale) et la Croix-Rouge www.secours-catholique.org/IMG/pdf/manifeste_bassdef_20111028.pdf ou encore l'ouvrage qui fait autorité de Georges Gloukoviezoff, *L'exclusion bancaire*, PUF, 2010, coll. Le lien social, 352 p.

rétribuent par des commissions. Les clients fragiles, qui ont du mal dans le maniement de l'argent, sans doute parce qu'ils ont toujours eu des « problèmes d'argent », deviennent la proie des chasseurs de commissions pour incidents de paiement.

Le modèle économique antérieur consistait pour les banques à assurer une mission de quasi service public. La recherche de la rentabilité ne constituait pas le seul critère de gestion. D'établissement qui assurait un service à la population et à l'économie réelle, la banque est devenue une industrie financière, presque entièrement vouée à la recherche de profits par une activité de plus en plus spéculative. Malgré la réglementation qui impose aux banques d'ouvrir un compte à tout client, son esprit est détourné. La rationalité d'une activité ayant pour objectif de dégager du profit s'est imposée. Ceux qui en paient le prix le plus fort sont ceux qui sont le moins à même de se défendre, les plus vulnérables.

Personnes souffrant d'isolement et de solitude, malades psychiques, détenus et personnes ayant connu la prison, victimes des mécanismes subtils de l'exclusion bancaire : voilà quelques catégories dont la vulnérabilité a été accrue par les évolutions sociales des dernières décennies. Les associations humanitaires ont notamment pour vocation de créer ou recréer du lien social. Elles doivent donc être attentives aux évolutions sociales qui modifient le paysage au sein duquel elles travaillent. Cette description des nouveaux visages de la pauvreté[3], évoquée trop rapidement ici n'est en rien complète. Elle est simplement une indication de l'attention que doivent porter les pouvoirs publics à ces phénomènes, et elle doit aussi inciter nos associations à l'action. Les défis nouveaux du lien social imposent des réponses elles aussi nouvelles.

3. On peut discuter l'expression « nouvelles pauvretés ». Il s'agit en général des formes contemporaines et renouvelées de la très ancienne pauvreté et exclusion. Mais le mot de nouvelle pauvreté s'est installé dans le paysage !

L'enjeu est d'identifier les lieux décisifs, d'accompagner les personnes au lieu de traiter des numéros de dossier. L'enjeu, c'est le regard, la relation avec ceux qui sont laissés au bord du chemin. L'enjeu est aussi d'évoquer les réalités sociales et leurs évolutions. C'est enfin de proposer des remèdes, des alternatives, des correctifs et pourquoi pas des changements radicaux dans les politiques publiques. Parmi les lieux où se fracture le lien social, celui de l'accueil des migrants est l'un des plus névralgiques.

Chapitre 3

LES MIGRANTS

Pourquoi consacrer un long chapitre aux migrants ? Cette question est-elle plus centrale, plus importante ou plus dramatique que d'autres ? La raison tient plutôt au fait que, dans la France actuelle, la façon d'envisager les migrants est emblématique d'une question sociale traitée de manière erronée, à partir de préjugés plutôt qu'à partir de faits. La perspective des personnes concernées est, plus qu'ailleurs, souvent oubliée ou occultée. Bref, la manière de débattre des migrants est souvent peu digne, parfois proprement scandaleuse. Des discours affligeants sur le sujet témoignent d'un débat politique particulièrement médiocre. Autant de raisons qui nous poussent à en parler plus longuement ici. À partir de nos constats, de notre expérience de terrain, à partir de nos convictions que nous tentons tant bien que mal de mettre en œuvre dans nos associations.

Des stéréotypes et de la manière de les surmonter

« Ce serait bien d'accueillir tout le monde, mais le peut-on ? C'est la crise, il faut être réaliste. Il n'y a plus de travail, il n'y a plus d'argent, il n'y a plus de logement, mais les immigrés continuent de venir de plus en plus nombreux... Bien sûr, chez eux, c'est la misère ! Mais si on continue comme ça, tous les Africains viendront vivre chez nous... je ne suis pas raciste, mais... il faut regarder la réalité en face... Et plus ils sont nombreux, plus il y a d'insécurité.... Et puis la France, c'est la France. Si on continue de les accueillir, on finira par ne plus être chez soi... » On pourrait multiplier ces citations : un florilège de propos marqués au coin du « bon sens », de propos de café du commerce, de stéréotypes, de phrases toutes faites que l'on répète et que l'on ne se croit pas obligé de vérifier à l'aune des données statistiques, des faits, des enquêtes sérieuses, des informations précises fournies d'ailleurs gracieusement par l'administration... Pourquoi en va-t-il ainsi ? Pourquoi ne se pose-t-on pas les « bonnes questions » ? Pourquoi ne sait-on pas comment répondre ou répliquer à ces arguments qui ont pour eux l'apparence de l'évidence, de l'assentiment majoritaire sinon général ?

Le domaine des migrations voit fleurir plus qu'ailleurs les argumentations fondées sur des « évidences de sens commun » sans que l'on éprouve le besoin de s'en référer à des experts. Chacun se croit expert en la matière, chacun pense que son « ressenti » tient lieu de statistiques.

Il en va ainsi parce que ce domaine est un secteur de la politique qui a été instrumentalisé depuis des décennies et que le débat public y est particulièrement médiocre. Les hommes politiques n'ont pas fait beaucoup d'efforts pour sortir la question migratoire du fantasme et des simplismes. Certains ont transformé les migrants (ou supposés tels, les enfants de migrants nés en France ne sont pas des migrants !) en boucs émissaires utiles pour leurs objectifs politiciens ou électoraux. Trop d'hommes politiques pensent que ce domaine peut être « électoralement » payant.

Les préjugés ne sont pas anodins. Ils ont des effets. Les stéréotypes qui circulent trop facilement ont ouvert la voie depuis des années à la lente banalisation du rejet des migrants. Cela commence avec la confusion des débats. On mélange allègrement les catégories : étrangers, migrants, sans-papiers, clandestins, demandeurs d'asile, déboutés du droit d'asile, réfugiés... « Tout le monde est mis dans le même sac. » Parfois, certains débats organisés par les pouvoirs publics ne font qu'ajouter à la confusion ambiante, par exemple sur l'identité nationale ou sur la laïcité. La multiplication de lois sur l'immigration et sur le statut des étrangers en France est un indice d'une mauvaise législation : on ne change pas les lois tous les deux ans, personne, pas même les juges n'arrivent à suivre. Que l'on soit partisan de plus ou moins d'ouverture des frontières françaises à l'arrivée de migrants, on doit bien reconnaître que l'instabilité législative en la matière démontre la mauvaise qualité de la gestion du domaine. Cette fébrilité est préjudiciable à tous, en commençant par les étrangers vivant en France, les immigrés et les membres de leur famille. Cela porte également atteinte à la qualité du débat démocratique dans le pays. L'expulsion spectaculaire des sans-papiers contribue à cette « mauvaise » politique, elle accrédite l'idée que immigré égale problème. Le tout dans un brouhaha médiatique et politicien qui est source de confusion et n'enrichit en rien la capacité de réflexion politique de nos concitoyens.

Alors que faire dans ce contexte ? On peut blâmer le personnel politique qui ne parvient pas à maîtriser le débat, ne veut pas reprendre l'initiative sur le sujet et laisse ce domaine de l'action publique aux mains d'agitateurs, de démagogues et de pêcheurs en eau trouble. Il faut le redire fortement : quelle que soit notre propre opinion sur le sujet, car il existe ici comme ailleurs une légitime diversité d'opinions, nous devons constater que le débat sur ce thème est de mauvaise qualité. Lorsqu'on dit ici « mauvaise qualité » on ne veut pas dire que la politique mise en œuvre ne correspond pas à nos souhaits ! On veut dire que le débat politique ne se confronte pas aux faits, mais plutôt aux préjugés ; le débat n'est pas nourri par l'expérience de ceux qui sont confrontés au sujet. Cela paraît plus confortable et c'est pourtant plus dangereux.

Alors il nous faut en venir à quelques convictions fortes sur le sujet. Il faut d'abord débattre à partir des faits. À défaut d'entendre assez les personnes concernées elles-mêmes, on pourrait au moins entendre la voix des associations qui accompagnent les diverses catégories d'étrangers et de migrants dans leur cheminement.

Changer le regard sur les migrations et sur les migrants

Il faut changer le regard que la société française porte sur les migrations. Ce changement sera sans doute difficile, cependant qui contestera que les migrants ne sont pas des problèmes, mais d'abord et avant tout des personnes humaines comme les autres ?

Ensuite, il faut abandonner un point de vue purement sécuritaire. Il faut cesser d'assimiler le migrant à un danger potentiel, susceptible plus qu'un autre de violer la loi. Il faut en finir avec ce cliché qui voit dans le migrant quelqu'un qui porte atteinte à la souveraineté de la France sur ses frontières. Comme si on pouvait se raccrocher à cette souveraineté déjà mise à mal par le monde moderne, la globalisation de l'économie et l'internationalisation de la finance en visant les plus vulnérables. Certains font une fixation sur les frontières physiques et voudraient que cette souveraineté française se manifeste avec beaucoup de rigueur sur le respect des frontières. Les migrations ont de nombreux aspects, économique, social, sécuritaire aussi certes, psychologique, familial, religieux, et même anthropologique. Se focaliser sur le seul aspect sécuritaire ne permet pas de considérer les migrations dans toute leur ampleur. Certains migrants viennent de pays où la légalité est souvent sujette à caution et ne recouvre en fait qu'un habillage juridique pour cacher les intérêts des dominants. Il faut leur laisser le temps de s'adapter à un pays où l'on pratique, au moins en parole, une culture politique de l'État de droit. Savoir cela ne donne aucune solution à nos problèmes individuels ou collectifs, mais il est bon de le reconnaître pour gérer correctement notre vivre ensemble.

On pourrait aussi citer la mise en scène assez lamentable de la publication du nombre d'expulsions de migrants en situation irrégulière, chaque année, sorte de concours entre les ministres successifs, alors que toute expulsion est d'abord un drame pour les intéressés. On se garde de donner des explications sur ces statistiques et leur variation annuelle et on fait montre d'une hypocrisie officielle, car ces statistiques n'incluent pas les chiffres des départements des Antilles, de la Guyane et de Mayotte, qui, à eux seuls, connaissent autant d'expulsions que la métropole. Non pas que ces départements d'outre-mer ne fassent pas partie de la France. 20 000 expulsions en Guyane pour une population d'à peine plus de 200 000 habitants : les chiffres et l'importance du rapport nombre d'expulsions sur le total de la population obligeraient à beaucoup d'explications, ce qui pourrait inviter les Français de métropole à s'intéresser de plus près à la situation vécue dans ce département d'outre-mer. Voilà le paradoxe français : mise en scène d'un chiffre d'un côté (« le chiffre augmente, nous sommes fermes... »), et silence gêné sur des chiffres qui, comparativement, sont bien plus impressionnants. On ne veut pas montrer la situation réelle des DOM, ni s'expliquer sur ces chiffres. La démocratie n'a rien à gagner à ces mesquineries.

Pour mieux faire comprendre ces paradoxes, on reprendra quelques éléments de constat et de propositions de La Cimade[1], qui ont d'ailleurs obtenu le soutien d'autres associations et d'ONG moins expertes ou moins actives, ou actives autrement dans ce secteur, et qui en perçoivent clairement l'enjeu.

L'expérience de La Cimade

La Cimade est une association de solidarité active avec les migrants, les réfugiés et les demandeurs d'asile. Son expérience et ses convictions, anciennes maintenant puisque La Cimade est active depuis 1939, lui ont permis de formaliser les orientations qu'elle propose pour le pays et celles-ci ont fait l'objet d'un document de quarante propositions. Six parmi elles sont des propositions leviers qui illustrent la possibilité pour un gouvernement qui en aurait la volonté de transformer immédiatement et profondément la politique migratoire française.

1. Voir les 40 propositions de La Cimade, *Inventer une politique d'hospitalité*, fondées sur les principes de mobilité, d'hospitalité et de citoyenneté et publiées à l'occasion des échéances électorales de 2012. Voir le site www.cimade.org (consulté en février 2012).

Loin des débats empoisonnés trop souvent pratiqués dans l'Hexagone, La Cimade adopte un point de vue universaliste et commence par envisager le droit à la mobilité pour tous. Et cette réflexion débute par un constat : la mobilité des êtres humains est un fait social normal, ordinaire, irréductible et nécessaire. Les mouvements migratoires ont des origines économiques, politiques et demain sans doute environnementales. Ce sont les conséquences des désordres de la planète, des inégalités, de l'absence de paix ou de démocratie dans bien des régions en divers continents. Cette mobilité s'inscrit dans un contexte de mondialisation où les marchandises et les capitaux circulent plus facilement que les êtres humains. Au lieu de passer leur énergie à construire chaque jour des murs nouveaux, les États de la planète doivent inventer une politique de régulation des migrations qui puisse répondre à cette aspiration universelle à la mobilité sans détruire l'équilibre de nos sociétés. Et cette politique doit rassurer nos concitoyens au lieu de les inquiéter.

Le principe de mobilité

Le contexte actuel invite à reprendre les grands principes qui fondent l'ordre international. Le premier principe nous rappelle que tout être humain a le droit de vivre dignement sur cette planète, ainsi que le proclame fermement la Déclaration universelle des droits de l'Homme (1948). Aussi, il convient de s'interroger sur ce qui pousse certaines catégories de population à quitter leur propre pays. Mais ce droit à la mobilité est fondé sur le droit international qui encadre la souveraineté des États, et cette mobilité devrait exister pour tous et non pour quelques privilégiés. La France comme l'Union européenne devrait rompre avec une approche excessivement sécuritaire et utilitariste qui domine trop souvent les politiques migratoires. Les migrants ne sont pas des marchandises à l'étal d'un commerce que l'on pourrait laisser sur place ou choisir d'emporter, ainsi que le laisse entendre l'imaginaire derrière les expressions de « migrations choisies ou subies ». Les politiques défensives, répressives ou sélectives à l'égard des migrants conduisent à une criminalisation du fait migratoire en provenance des pays pauvres, à des violations massives des droits fondamentaux des migrants et poussent les candidats à la migration sur des routes de plus en plus longues, coûteuses et dangereuses. Ces politiques instillent dans les sociétés européennes une mentalité de forteresse assiégée qui ouvre la voie à la xénophobie et à toutes sortes de peurs infondées. Mais l'abandon de cette approche actuelle nécessite l'assentiment des sociétés d'accueil, en l'occurrence la société européenne. L'Union européenne forte de 500 millions d'habitants accueille chaque année environ un million de migrants ressortissants d'États non membres. On conviendra que ce chiffre n'atteint pas un niveau tel qu'il poserait des problèmes insurmontables. On ne compte pas ici les migrations internes à l'Union, qui entrent de plus en plus dans le cours normal des choses à mesure qu'elles sortent des statistiques. De même qu'une « migration » de la Corrèze vers Paris n'est pas considérée comme une migration, en tout cas pas une migration internationale.

Il ne s'agit évidemment pas de rêver, une réalisation du droit à la mobilité pour tous devra se faire par étapes. Mais des progrès se font jour, dans les faits et dans les mentalités. Deux millions de Français travaillent à l'étranger. Curieusement, ils ne se considèrent pas comme migrants ! Dans la meilleure des hypothèses, ils se désignent eux-mêmes du nom d'expatriés. Comme si cela changeait la réalité des choses : un Français travaillant à Singapour ou dans les Émirats est bien un migrant, qui en général dispose d'un salaire élevé et peut dès lors être considéré comme un migrant de luxe, qui ne s'identifie pas avec le migrant rencontré en France et qui nettoie son bureau ou sa rue. Au plan de l'Union européenne des 27 États membres, nous allons vers une liberté de circulation, de travail et d'établissement pour tous les ressortissants des États membres, ce qui est un progrès pour les libertés de chacun. Et cela est accepté : ces chiffres des migrations intra-européennes ne font guère l'objet de polémique[2]. Qui est capable de dire s'il y a plus d'Allemands travaillant en France que de Français travaillant en Allemagne ? Le phénomène s'est banalisé et ne fait plus l'objet de controverses.

Les pratiques de l'Union européenne, dangereuses et inappropriées

Ces grands principes étant posé, on peut faire des propositions pour tirer profit de ce renversement de perspectives et avancer vers un droit à la mobilité pour tous, et non juste pour les plus riches. L'expérience des dernières années indique qu'il faut un changement dans la politique de l'Union européenne qui doit cesser de vouloir sous-traiter la gestion des flux migratoires aux pays voisins et plus particulièrement aux pays de la rive sud ou orientale de la Méditerranée. Pour faire accepter sa politique des flux migratoires, l'Union européenne conditionne la politique de coopération et de développement à des clauses de réadmission pour les pays voisins. Cette politique a déjà produit beaucoup de conséquences négatives. Il faut y mettre fin.

En effet, l'Union externalise sa politique des migrations comme si le contrôle et la répression, lorsqu'ils s'affranchissent des standards des droits de l'Homme, étaient moins intolérables s'ils sont le fait de pays voisins au lieu d'être mis en œuvre par des agents des fonctions publiques des États de l'Union. De plus, cette externalisation de la politique migratoire par l'Union détourne l'aide publique au développement vers des programmes de « sécurisation des frontières », pas forcément très utiles au développement des populations les plus vulnérables des pays concernés.

Une des mesures les plus efficaces et des plus symboliques pour marquer la rupture avec les politiques menées jusqu'ici par

2. À l'exception des Roms de Roumanie, mais cette question nécessiterait de plus larges développements.

l'Union, consisterait à ratifier la « Convention internationale des Nations unies sur la protection des droits des travailleurs migrants et des membres de leur famille ». Quelle est la légitimité de l'Union européenne à critiquer le sort réservé aux migrants dans les pays arabes et en particulier dans les pays du Golfe, si l'Union à l'interne ne veut pas ratifier l'une des seules conventions internationales protégeant les droits des migrants ?

On se rend évidemment compte de la nécessité de proposer une nouvelle politique européenne de voisinage, élaborée en partenariat avec ces pays voisins, qui ne mette pas au centre la politique migratoire. Cela pourrait renouveler les relations entre les États de l'Union et ses voisins d'outre-Méditerranée. On sait aussi qu'avec le Printemps arabe, plusieurs États arabes ont vu leur gouvernement se modifier du tout au tout. Il y a là une chance historique à saisir pour établir de nouvelles relations avec les voisins de la rive sud ou orientale de la Méditerranée.

Les demandeurs d'asile

Il peut paraître superflu de dire que la France a un devoir de protection des demandeurs d'asile. Ceci est inscrit dans le texte le plus solennel qui se puisse concevoir : le préambule de la Constitution. Il semblerait que beaucoup de Français ne lisent pas très souvent ce texte qui pourtant exprime le consensus des convictions qui soude la communauté nationale. Il y a donc un devoir d'accueillir sur la terre de France ceux qui sont persécutés dans leur pays. Il est regrettable que la première réaction que cela suscite en général chez nos contemporains consiste à dénoncer les abus. Avant de dénoncer, il convient de rappeler les principes de générosité sur lesquels est bâtie notre République. La convention de Genève de 1951 qui protège les réfugiés doit évidemment être respectée dans sa lettre et dans son esprit. Il est contraire à son esprit de considérer les demandeurs d'asile comme des fraudeurs plutôt que des réfugiés présumés. Aussi, il conviendrait de leur reconnaître le droit de travailler, le droit à l'hébergement, le respect de leurs droits fondamentaux et même un accompagnement social vers l'insertion. Il n'est pas respectueux de la dignité d'empêcher ces demandeurs d'asile d'exercer un travail légal en attente du traitement de leur demande (le délai moyen entre une demande d'asile et la réponse de l'Office français de protection des réfugiés et apatrides [OFPRA] est de plus de 12 mois). Ce refus d'autorisation conduit ces migrants à exercer des activités hors la loi pour survivre alors qu'ils sont chez nous en toute légalité. Situation absurde, source de conflits.

Sécuriser le parcours des migrants

Au-delà du cas spécifique des demandeurs d'asile, il convient de stabiliser le séjour des migrants par la délivrance de cartes de résident dans des conditions qui ne soient pas exorbitantes des usages courants. Pour obtenir ces cartes, il n'est pas concevable par exemple d'exiger des garanties de ressources ou de logement que bien des Français auraient du mal à remplir. Ces pratiques abusives ont pour effet de fragiliser les migrants qui cherchent à s'insérer en France. Cette politique est à vrai dire contre-productive. Il faudrait aussi améliorer le fonctionnement du service public des étrangers dans les préfectures. Toute personne qui a déjà accompagné un étranger pour effectuer des démarches comprendra à quoi il est ici fait allusion. Les Français ne tolèreraient pas, à juste titre, le traitement que l'on fait trop souvent subir aux migrants dans ces administrations : qualité de l'accueil ou plutôt absence de qualité de cet accueil, information lacunaire, toujours à compléter ce qui donne l'impression fâcheuse que l'on se trouve en face d'une administration arbitraire, etc. Celui qui n'a jamais entendu de la bouche d'un agent public la phrase « si cela ne vous plaît pas, rentrez dans votre pays » ne peut pas comprendre le paragraphe que l'on vient de lire.

Il faut aussi mettre fin à la banalisation de l'enfermement administratif des étrangers. La rétention prévue à l'origine comme l'exception est devenue aujourd'hui systématique pour les étrangers en situation irrégulière. Cela doit redevenir une exception. Pour cela, il faut supprimer les objectifs chiffrés d'éloignement imposés aux préfets. Il faut rompre avec la politique du chiffre qui conduit les services de police à interpeller des étrangers en portant trop souvent atteinte à leurs droits. Il convient de replacer toutes ces procédures sous le contrôle du juge des libertés et de la détention avant l'exécution de toute mesure d'éloignement.

Toutes ces mesures et d'autres peuvent ensemble constituer une politique visant à construire un vivre ensemble entre Français et étrangers. L'acquisition de titres de séjour et la stabilité du droit au séjour des étrangers sont des conditions et des vecteurs de l'intégration et non sa récompense. Le droit à un séjour stable et durable doit conférer un statut de citoyenneté de résidence semblable à celui dont jouissent les ressortissants de l'Union européenne. L'accès à la nationalité française n'est pas le seul aboutissement ni la seule preuve d'une intégration réussie. Les migrants des pays hors Union peuvent s'intégrer à la société française sans que leur soit assignée, comme objectif ultime, l'adoption de la nationalité française. Changer de nationalité, adopter une double nationalité lorsque cela est juridiquement possible, est un processus complexe qui touche à l'intime et à l'identité profonde de chacun. Gérer ces processus complexes et multiformes ne suppose pas de mettre les gens le dos au mur en les sommant de choisir telle ou telle nationalité.

L'expérience de la France, pays d'immigration depuis des générations, on l'oublie trop souvent, est précisément de pratiquer une intégration au rythme de chacun, sans parcours fléché obligatoire, en laissant le maximum d'initiatives et de possibilités au migrant. C'est cela qui crée un contexte sécurisant, et permet, selon un processus très compréhensible, au migrant de se sentir à l'aise dans sa situation (d'ici ou de là-bas, dont l'avenir sera ici ou là-bas et parfois ici et là-bas !). L'histoire nous enseigne que l'intégration se fait parfois de manière très paradoxale. C'est parce que les Portugais venus en France nombreux dans les années 1970 avaient à l'époque l'ambition et le projet de se retirer plus tard pour leur retraite au pays natal qu'ils se sont si bien intégrés en France... et finalement assez peu parmi eux sont repartis au pays natal. C'est parce que les Portugais ont joué longtemps dans des clubs de football « communautaires », le football lusitanien, qu'ils ont participé à des championnats en France et accéléré leur intégration, bien que le « football communautariste entre Portugais » soit probablement décrié par ceux qui traquent tout signe suspect de communautarisme...

Aussi n'est-il pas contradictoire de vouloir accorder un accès au droit de vote et d'éligibilité pour les élections locales aux étrangers titulaires d'un titre de séjour stable, pour exprimer cette citoyenneté de résidence. De même que ces étrangers votent aux élections sociales et syndicales, parce que leurs droits sociaux sont reconnus à l'égal des Français, et personne ne trouve rien à y redire.

Toutes ces mesures et d'autres encore ont été étudiées par La Cimade en prenant en compte les leçons tirées de la somme d'expériences menées depuis tant d'années au service des étrangers et des réfugiés en France. D'autres associations sont parvenues à des conclusions semblables à partir d'expériences voisines[3].

Pour une qualité du débat démocratique

Ce chapitre sur les migrants était nécessaire tant le débat sur ces sujets a été de mauvaise qualité depuis deux décennies. On parle d'étrangers « qui prennent le travail des Français » alors que le débat devrait porter sur le chômage : sommes-nous entrés définitivement dans un modèle économique de sous emploi ?

---

3. Le lecteur intéressé pourra se reporter aux écrits plus détaillés et plus approfondis sur ce sujet, disponibles sur les sites internet des associations concernées, indiqués à la fin de l'ouvrage.

Devons-nous revisiter la question du partage du travail ? Quel modèle de développement et pour quelle société ? Telles sont les questions qui s'imposent après le constat d'une crise du modèle capitaliste libéral et son échec incontestable. La question n'est pas de savoir si les étrangers prennent le travail des Français, mais comment s'adapter à un modèle économique qui sera désormais de faible emploi dans une économie mondialisée au sein de laquelle les écarts de rémunération du travail demeureront encore pour de longues années, des facteurs de délocalisation ou de chantages salariaux.

On nous dit que les étrangers se concentrent dans certains quartiers où ils font régner un climat d'insécurité, les Français souhaitant dès lors quitter ces quartiers. Est-ce bien là la question ? Ne faudrait-il pas plutôt soulever un débat sur la ghettoïsation de la pauvreté en France ? Pourquoi les pauvres ont-ils été assignés à résidence dans certains quartiers, où, il est vrai, les étrangers sont en surnombre, pour la simple raison que les étrangers sont surreprésentés dans le bas de l'échelle des revenus. Le problème réside non dans la présence des étrangers, mais dans la ghettoïsation qui s'est installée peu à peu à mesure, en particulier, de la délocalisation des industries et de la montée du chômage dans les populations d'origine ouvrière et/ou étrangère.

Le débat sur les étrangers occulte bien souvent le nécessaire et difficile débat sur le chômage, la pauvreté, la relégation dans des quartiers défavorisés avec peu de services publics, la dégradation de la vie sociale, le taux élevé d'échec scolaire, le destin des décrocheurs de l'enseignement...

La qualité de la démocratie est une responsabilité de tous. Nos associations veulent apporter leur contribution à ce débat qui n'a lieu que trop rarement. La stigmatisation de certaines catégories de population ne permet pas de résoudre les problèmes qui se posent à la société française et européenne. L'utilisation de la figure du bouc émissaire envenime le débat et nous éloigne d'un débat raisonnable qui vise à trouver des solutions et non à attiser les passions. Notre pays et quelques pays voisins dont il serait utile de méditer l'exemple, disposent d'une longue expérience dans l'utilisation frauduleuse de la figure du bouc émissaire : jadis les juifs, hier et aujourd'hui les étrangers, en particulier les musulmans lesquels sont tous assimilés de ce fait à des étrangers. Respecter les personnes concernées, leur donner la parole, respecter les principes des droits de l'Homme et des conventions internationales, respecter les faits et se méfier des discours connectés sur les peurs et les fantasmes plus que sur les réalités, c'est ce que nos associations au contact des populations vulnérables ou exclues attendent des autorités administratives et politiques.

Chapitre 4

REFAIRE SOCIÉTÉ, DES PROPOSITIONS

Les associations humanitaires en contact permanent avec la fraction de la population vivant dans la misère ou l'exclusion sont à la fois des lieux d'observation privilégiés pour porter un diagnostic sur l'état de notre société, mais aussi des lieux d'expérimentation d'un autre vivre ensemble des lieux où le tissu social se reconstitue, des lieux où « refaire société » est une aspiration et souvent une réalité.

Quelle mondialisation ? Quelle croissance ?

Il nous faut d'abord situer le cadre de ces propositions. Il est de bon ton aujourd'hui de stigmatiser la mondialisation d'où proviendraient tous les maux. Si on veut signifier par mondialisation que l'état du monde actuel n'est pas juste, que certains ont pris le pouvoir et que ce qui se passe actuellement sous le nom de mondialisation n'est pas ajusté aux exigences du bien commun, alors oui, on peut comprendre cette défiance. Mais une fois ce constat effectué, comment changer l'ordre des choses ? Faut-il ériger des barrières et des remparts pour nous protéger des autres peuples qui nous menaceraient ou, au contraire, imaginer avec eux de nouvelles solidarités qui soient bénéfiques à tous ? Nous retenons la seconde option c'est-à-dire s'engager pour organiser notre monde autrement, faire en sorte que les institutions internationales jouent leur rôle au service de tous et non de quelques-uns.

Sur ce terrain, il reste évidemment beaucoup à faire pour que la planète soit habitable par tous. Mais notre parti pris est simple : il faut commencer par se réjouir de l'interdépendance croissante de l'humanité, nos sept milliards de contemporains. Nous dépendons les uns des autres et tant mieux. Le mot de mondialisation indique alors cette interdépendance, cette responsabilité partagée qui augmente. Le mot indique aussi qu'on ne réglera pas les problèmes français si on ignore cette mondialisation qui crée de l'interdépendance.

Dans la bouche de certains, le mot de démondialisation est peut-être aussi de la tromperie. Ils veulent nous entraîner sur les pentes d'une démagogie trompeuse, celle du repli sur soi. Or nous avons effectivement une responsabilité à l'échelle de la planète.

Il est vrai que la mondialisation a affaibli l'État, que les États territoires d'aujourd'hui ne sont plus souverains. Ils ne l'ont d'ailleurs jamais été. Et on pourrait dire tant mieux. Les solutions à nos problèmes ne pourront être mises en œuvre que collectivement. On soulignera que le Trésor américain dépend des banquiers chinois. Et alors ? On pourrait tout aussi bien dire : tant mieux ! Cela apprendra à tous, à nos dirigeants d'abord, à nous aussi, que notre monde est interdépendant, que nous avons à trouver une solution à nos problèmes tous ensemble. Il ne faut pas refuser le phénomène de la mondialisation, il faut l'organiser autrement. Nous souhaitons une autre organisation de la planète. Cela commence peut-être avec les Nations unies, mais ne s'y limite pas.

La critique de la mondialisation n'envisage souvent que certains aspects financiers ou économiques de ce grand courant qui nous entraîne tous. On oublie de voir qu'il existe aussi une mondialisation de la communication, de l'information, du savoir... qui présente de nombreux aspects positifs. Certains soulignent que le mouvement de mondialisation des échanges surtout commerciaux s'accompagne d'un mouvement parallèle, et comme symétrique, de réaffirmation des identités culturelles, comme si, dans le grand maelström de la mondialisation, nos contemporains éprouvaient le besoin de se raccrocher à leurs identités historiques, culturelles ou religieuses. C'est la montée des attestations religieuses ou culturelles qui coexiste avec la mondialisation du commerce, qui en est peut-être l'inévitable contrepartie. Ces questions sont à envisager calmement, il convient de ne pas exacerber ces requêtes d'identité, qui sont souvent des requêtes de dignité, ainsi que le printemps arabe vient une fois encore de le montrer. Il revient à tous, y compris à nos associations, de savoir gérer ces besoins, de ne pas les instrumentaliser, de refuser ceux qui voudraient utiliser ces requêtes pour attiser les peurs de certaines catégories de population.

Quelle croissance ?

La mondialisation nous place aussi devant de nouveaux défis : faire face ensemble aux menaces qui touchent la survie de la planète (réchauffement climatique, pollution, épuisement des ressources, etc.). Cela oblige à revoir nos modes de développement sans pour autant que nous empêchions les autres peuples de la planète de répondre à leurs besoins vitaux. Cela nous amène à porter un regard critique sur la religion du Produit intérieur brut (PIB) et de sa croissance vertueuse censée avoir réponse à toutes les questions. Certains l'ont fait avec talents[1]. Critiquer cet indicateur très imparfait qu'est le PIB ne peut que rallier nos suffrages. Nous sommes plus attachés à un indicateur comme le Bonheur national brut, mais nous avons quelques difficultés à mesurer ce bonheur, ambition peut-être exagérée. Il suffirait peut-être de commencer à mesurer le bien-être ! On a souligné depuis longtemps que l'indicateur du PIB ne prenait pas en compte les intérêts à long terme des populations. Cette fameuse croissance à laquelle tant de gouvernements aspirent se faisait bien souvent au détriment des intérêts des générations futures, par la dégradation de notre environnement, l'épuise-

1. Voir le rapport Sen-Stiglitz-Fitoussi sur les indicateurs de la croissance, à télécharger sur www.stiglitz-sen-fitoussi.fr – celui-ci est préfacé par le président de la République, N. Sarkozy.

ment des ressources naturelles, l'augmentation insupportable des pollutions ou le réchauffement de la planète. Il faudrait faire entrer dans ce fameux PIB d'aujourd'hui le prix à payer demain. Rappeler que le PIB doit être durable pour que cet indicateur ait un sens.

Sortir de la religion du PIB conduit aussi à critiquer la marchandisation croissante de la vie en société, à souhaiter mener une vie plus simple, plus sobre, avec moins de voitures, moins de déplacements en avion, en accordant une place plus importante à nos choix alimentaires, etc. Parler de décroissance sélective de certains secteurs : par exemple, ceux qui produisent de l'énergie carbonée. Préserver l'avenir de la planète signifie aussi la baisse de la consommation d'énergie non renouvelable tout en permettant aux peuples pauvres de parvenir à un niveau de vie correct.

C'est donc à l'échelle de la planète que se situent les défis auxquels nous devons faire face. Le repli sur soi n'est pas la solution. Il nous faudrait une mondialisation heureuse. Cela passe par une plus grande régulation de notre mondialisation et de notre croissance actuelle. Nous rêvons d'une croissance au profit de tous, donc en premier des plus démunis.

Réduire les inégalités

Pour aller vers cette mondialisation harmonieuse, sur quelle voie s'engager ? Les propositions foisonnent en ces temps électoraux. Une orientation est claire à nos yeux : il faut viser une réduction des inégalités sans laquelle l'ambition de faire société est vouée à l'échec.

Il est devenu banal de dénoncer la montée de la pauvreté. Il est moins fréquent de relever la croissance spectaculaire du nombre d'hyper-riches et l'envolée de leurs revenus. Ce grand écart des inégalités croissantes représente pour beaucoup une menace sur notre pacte républicain. On pourrait aligner des chiffres. Si en 1995, les 1 500 salariés les mieux payés gagnaient

25 fois plus que la moyenne des autres salariés, aujourd'hui, c'est 60 fois plus. Comment peut-on parler de valorisation du travail si celui-ci n'est pas rétribué en fonction de ce que chacun apporte à l'enrichissement collectif. Peut-on admettre de telles différences de contribution qui expliquent les inégalités actuelles entre catégories de salariés. Les inégalités de salaires ne sont qu'une partie du problème. Car plus on monte dans l'échelle sociale, plus les revenus du patrimoine occupent une place importante. Les 10 % de Français les plus aisés captent les deux tiers des revenus du patrimoine. Il faudrait d'ailleurs ne pas considérer les 10 % les plus aisés, mais plutôt les 1 % ou même les 0,1 %. Si les inégalités explosent aujourd'hui, c'est parce qu'elles explosent dans le haut de la distribution, alors que les 80 % de la population ne sont pas touchés par ces phénomènes. Explosion du nombre des hyper-riches ?

Faut-il incriminer des mutations économiques ? Le développement d'un capitalisme patrimonial qui privilégie les actionnaires au détriment des salariés ? Faut-il tenir compte de facteurs culturels comme l'acceptation sociale du phénomène ? On compte toujours beaucoup de Français intéressés par le football et assez peu qui protestent contre les rémunérations surréalistes des joueurs professionnels ! On nous dit que notre société a besoin d'entrepreneurs dynamiques et créatifs et qu'il faut donc les payer pour les retenir en France (comme les footballeurs d'ailleurs !). Mais les hyper-riches ne répondent pas tellement à cette définition : ce sont souvent de simples héritiers. Quand ce ne sont pas de simples mercenaires qui n'ont en réalité jamais pris de risques, au contraire d'un patron de PME qui, tous les jours engage son propre patrimoine, sans en tirer, loin de là les mêmes bénéfices. Il y a aussi une tolérance sociale à l'enrichissement. Les Français aspirent à gagner de l'argent et ils ne trouveraient rien à redire à ceux qui réussissent, sachant que l'immense majorité d'entre eux n'est pas à ranger dans cette catégorie. Bref, le vieux tabou français de l'argent aurait-il été éliminé ?

Faut-il, et comment expliquer, cette tolérance sociale aux inégalités et à l'argent facile, à l'argent excessif, aux évolutions sociales ? Dans une société française désormais largement urbanisée, plurielle, le surmoi marxiste de l'argent maudit, parce que fruit de l'exploitation, aurait diminué ou disparu avec l'affaiblissement du parti communiste et le recul des idéologies marxistes. C'est une hypothèse. Dans une France largement sécularisée, le vieux tabou catholique contre l'argent, fruit de l'iniquité (« les grandes fortunes sont de grandes iniquités ») aurait lui aussi beaucoup baissé à la mesure de la perte d'influence de l'Église catholique. On sait que les protestants ont toujours eu une autre relation à l'argent, mais cela pourrait changer avec la montée des mouvances évangéliques au sein du protestantisme, y compris français. Quelles que soient les explications à cette explosion du nombre d'hyper-riches et de leur richesse, notre conviction est que trop d'inégalités portent atteinte au contrat social, au pacte républicain, à ce sentiment diffus, mais fort, qui fait que l'on se sent partie prenante de la même société, que l'on a quelque chose en commun avec tous nos voisins, bref, ce que l'on nomme la solidarité, et pourquoi pas l'attachement à la patrie, cette patrie qui nous offre protection. Pas tant contre les ennemis extérieurs, la France n'a (heureusement) plus d'ennemis extérieurs qui viendraient envahir l'Hexagone, mais une patrie protectrice contre les dangers de l'existence et qui ont pour noms : maladie, chômage, handicaps, basculement dans la misère, diminutions et dépendances liées au grand âge... Bref un pays qui conserve le socle social qui lui a permis de traverser la crise dans des conditions moins dramatiques que nombre de ses voisins.

Privilégier un accompagnement des personnes vulnérables

Il ne s'agit pas ici de critiquer les chiffres. On a bien vu au fil des pages de ce livre qu'il faut avoir recours à des chiffres pour savoir de quoi l'on parle, pour vérifier que nos intuitions sont bien révélatrices de la situation et qu'elles ne constituent pas simplement des exceptions dans un paysage social bien différent par ailleurs. Le défi consiste à faire bon usage des chiffres.

Pour l'accompagnement social

La politique du chiffre s'est généralisée avec la dérive vers un spectacle politique de communication, et d'affichage : on lance des chiffres dans le débat, pour impressionner. Les chiffres créent un effet de sérieux, mais trop souvent au détriment de la logique d'accompagnement des personnes, fondement du travail social. La relation à l'usager, dans le travail social, à Pôle emploi, dans les écoles ou les hôpitaux, est appelée accompagnement, à juste titre. Parfois, on dit même, en une formule redondante, accompagnement humain, accompagnement global ou accompagnement social. Cela nécessite un soutien, une écoute, de faire du cas par cas, de prendre le temps et de se réserver un espace pour échanger. Le pilotage par le chiffre produit l'effet inverse, il entraîne trop souvent une déshumanisation de ce travail d'accompagnement.

La politique du chiffre, comme objectif à atteindre par l'action politique ou administrative, entraîne un effet pervers bien connu des statisticiens. Ainsi, par exemple, faire baisser la pauvreté de x % peut conduire à s'occuper de ceux qui se trouvent immédiatement sous la ligne de pauvreté. Il sera plus facile de leur faire franchir le seuil fatidique, et d'atteindre ainsi les objectifs qu'on s'était fixés, en améliorant au passage les fameuses statistiques de réussite. On négligera ceux qui sont le plus loin du seuil de pauvreté, ceux qui ont le plus de difficultés à retrouver rapidement une vie « normale ». Bref, la politique du chiffre a pour effet de s'intéresser à ceux qui en ont le moins besoin, et de délaisser ceux qui auraient le plus besoin d'une attention soutenue et individualisée. Les spécialistes parlent d'un « effet d'écrémage. » C'est ce qui touche aujourd'hui tout le secteur de l'insertion par l'économique qui, pour assurer 60 % de « sorties positives » est obligé d'accueillir des personnes de plus en plus proches de l'emploi.

Autre exemple : les objectifs chiffrés de reconduites à la frontière des étrangers en situation irrégulière, déjà évoqués, constituent un choix répressif de la politique migratoire, au détriment du travail d'intégration, plus difficile et moins spectaculaire. Et pourtant souvenons-nous que le ministre de l'Immigration était aussi celui de l'intégration ! Paradoxe de nos catégories statistiques, les forces de sécurité vont vouloir à tout prix atteindre les objectifs chiffrés qui leur ont été assignés. Les dérives ont été constatées ces dernières années : la police va chercher les étrangers en situation irrégulière à la porte des écoles. Ces arrestations ont soulevé tant de protestations, en particulier de la part des parents d'élèves et des enseignants mobilisés par « Réseau éducation sans frontières », qu'elles ont été suspendues. Comme le disent les détracteurs de cette politique : la police fait du chiffre. Dérive de l'action publique, le but de la police devrait être de garantir la sécurité, et non pas de soigner des statistiques. Cette police doit donc s'attaquer à la délinquance et à la criminalité la plus dangereuse, et non pas à celle qui est la plus facile à comptabiliser.

Le paradoxe ironique de cette dérive de la politique du chiffre est qu'elle est dénoncée dans le rapport Sen-Stiglitz-Fitoussi[2]. Il est dit dans la préface qu'il faut veiller aux variables que l'on mesure, aux indicateurs utilisés, car « ce que l'on mesure a des conséquences sur ce que l'on fait ». L'indicateur de réussite entraîne une distorsion dans l'action, parce que les agents publics veulent soigner les statistiques. Il semblerait que le Président de la République soit parfois tombé lui-même dans le travers qu'il dénonce dans cette préface fort savante et pleine de sagesse critique.

La politique du chiffre entraîne parfois des comportements d'une grande violence. Par exemple, lorsque des travailleurs sociaux doivent faire le tri entre ceux qui pourront « sortir du système » et donc contribuer à fabriquer de bons chiffres, et ceux

2. Voir la note 1, p. 55.

qui sont trop éloignés du marché du travail ou de l'insertion. Tous les efforts déployés pour eux ne modifieront pas les statistiques de l'intégration, en tout cas pas à court terme. Ce tri entre « employables » et « inemployables » est fort violent. Les personnes les plus éloignées du marché subissent une fois encore un échec, puisqu'elles sont considérées comme non éligibles aux procédures exceptionnelles mises en place pour favoriser l'intégration. Double échec.

Cette critique d'une politique du chiffre doit être bien comprise. Il ne s'agit pas de faire une critique du quantifiable au nom de critères prétendument qualitatifs qu'on ne pourra jamais évaluer, vérifier ou appréhender, ni de dénier aux pouvoirs publics la possibilité de fixer des objectifs chiffrés aux politiques qu'ils mettent en œuvre, ni même de nier que les politiques publiques doivent être évaluées, mais simplement d'être vigilants afin de ne pas transformer une « politique du chiffre » en une dérive contre-productive par rapport aux objectifs que se fixe toute politique de lutte contre l'exclusion.

La responsabilité des associations dans la formation du lien social

Les associations ont un rôle à jouer dans la formation ou la reconstitution du lien social. On citera ici, à titre d'exemple, les associations sportives ou culturelles. Elles sont d'ailleurs très nombreuses et attirent trop peu l'attention sur cet aspect important de leur rôle social. Face au supposé délitement du lien social, le sport, parmi d'autres activités, est une forme de réponse et les associations sportives ont leur rôle à jouer. Les associations du champ social ont évidemment explicitement la perspective de préserver ou de reconstituer du lien social, au nom des valeurs de solidarité qu'elles portent. On prendra comme exemple une communauté Emmaüs : une vie commune en est la base, on partage des repas, la fatigue du travail au coude à coude, des options et des projets de solidarité à financer, des valeurs : il s'agit bien d'une communauté de destin. Le mot peut paraître fort mais il est exact : un compagnon peut rester toute sa vie dans la communauté qui l'a accueilli, y compris durant le temps de sa retraite. La communauté a une fonction d'intégration de type familial. Des réalisations diverses pourraient témoigner de ce même esprit, où l'on voit que des associations créent du lien social. Il ne s'agit plus d'être dans une relation asymétrique, bénéficiaire *versus* donateur. Cette inégalité des relations engendre trop souvent de la dépendance, de l'inféodation, parfois de la commisération ou de la compassion... Cela peut être nécessaire au départ ou pour le moins inévitable, mais ne permet pas de transformer la situation de ceux qu'on appellera bénéficiaires et qui doivent devenir des partenaires. Une transformation peut intervenir quand celui qui accompagne accepte non seulement d'écouter celui qui est accompagné, mais le reconnaît pour lui-même avec ses capacités, ses savoirs, ses qualités et ses fragilités. Exister dans le regard de l'autre, ne pas être identifié aux difficultés ou aux fragilités rencontrées !

Intervenir dans le débat politique !

Le sociologue de la vie associative Jean-Louis Laville observe que les associations ressentent aujourd'hui le besoin d'avoir une parole politique, au sens large et non partisan du terme. Pourquoi en est-il ainsi ? D'autant que le risque de « politisation partisane » ou de récupération est grand, surtout en période électorale ! Beaucoup d'associations parviennent pourtant à échapper à ce risque et d'autres vivent très bien avec celui-ci. Les associations ont en effet le devoir d'interpeller sur le plan politique, en faisant valoir ce qu'elles constatent dans leur activité quotidienne, en le valorisant, en en tirant des conclusions qui peuvent être utiles pour la puissance publique. C'est le sens des campagnes menées sur les paradis fiscaux par le CCFD-Terre solidaire, la mobilisation pour le logement de la Fondation Abbé Pierre, la publication annuelle du rapport statistique du Secours catholique, le rapport de La Cimade sur les centres de rétention, les interpellations récurrentes d'Emmaüs sur les personnes à la rue. Pour y voir plus clair dans ce débat, il est bon de distinguer les associations purement gestionnaires et celles qui s'imposent d'interpeller les pouvoirs publics et les responsables politiques. Ces dernières mettent le doigt sur les dysfonctionnements des politiques publiques, des lois et des réglementations et sur les pratiques administratives incorrectes... Les partis politiques devraient se demander pourquoi il en va ainsi. Pourquoi les associations se sentent le devoir d'alerter l'opinion publique. C'est que sur certains sujets, il règne parfois dans le débat public, médiatique et politique, de curieux silences.

On pourra prendre pour exemple en cette année 2012 la question du logement. Tout se passe comme si les partis politiques s'étaient implicitement mis d'accord pour ne pas aborder certains sujets, qui sont pourtant en première ligne des inégalités entre Français, des préoccupations des Français. Le sujet est délicat, le logement relève à la fois de responsabilités au plan national et au plan local. Si l'on considère tous les niveaux de gestion, on constate qu'aucun grand parti n'est exclusivement gestionnaire ou exclusivement dans l'opposition. Chacun doit regarder la manière dont il traite le problème dans les communes qu'il administre. C'est peut-être la raison pour laquelle le sujet n'est pas en première ligne des interventions des partis politiques. Peu importe les raisons ici ! Il est du devoir des associations de ne pas permettre qu'un sujet d'une telle importance soit passé sous silence. C'est un des besoins fondamentaux. Les locataires jeunes qui n'offrent pas assez de « garanties » se voient refusés par les bailleurs et ne peuvent se stabiliser, fonder une famille. Cette question du logement oppose une France d'héritiers à une France de jeunes qui démarrent dans la vie sans soutien financier. Loin de l'égalité républicaine, loin du mythe d'une République qui donne sa chance à chacun, la question du logement révèle et accentue les inégalités de condition des Français. Il est de la responsabilité des associations de mettre ces phénomènes en lumière. À cela s'ajoute la question des sans domicile, celle de la pénurie de places d'hébergement, de la pénurie de logement, celle du mal logement, toutes situations qui fragilisent les familles et les personnes.

Il n'est pas exagéré de dire que la place croissante des associations dans le débat public et politique est un révélateur de la crise de notre système politique, et d'un certain décrochage des partis politiques de la réalité sociale qu'ils ne connaissent qu'au travers de l'expérience des élus. Les associations remplissent un rôle de critique, mais sont force de proposition. Les associations participent au débat public, le nourrissent et parviennent parfois à le lancer. Elles agissent souvent avec le soutien d'autres acteurs : médias, syndicats, associations professionnelles, autorités administratives indépendantes, intellectuels, ONG étrangères, etc. Certaines associations prennent des risques en s'exposant ainsi : risque de mettre à mal leur crédibilité ou risque de s'aliéner la sympathie de leurs donateurs pour celles qui font appel à la générosité du public. Quoi qu'il en soit, il est heureux que certaines associations soient devenues de véritables laboratoires d'idées, à côté des centres de recherche universitaires, ou de fondations également spécialisées sur ce créneau. Le débat démocratique ne peut qu'y gagner. C'est le sens de ce livre qui engage les présidents des associations concernées

Les associations prestataires de services

On doit ici prêter une attention spéciale aux associations qui gèrent des équipements ou des institutions de service : personnes âgées, handicapées, en situation de dépendance, personnes avec des handicaps sociaux (maraudes, hébergement d'urgence, CHRS[3]...). Ces associations sont gestionnaires d'équipement à finalité sociale et d'utilité publique. Le plus souvent, leur activité est financée par la puissance publique qui

3. CHRS : Centre d'hébergement et de réinsertion sociale : établissement social qui intervient dans l'accueil, l'hébergement et la réinsertion des personnes en situation d'exclusion.

achète leurs services... On peut estimer que ces associations se transforment peu à peu en sous-traitants de la puissance publique. Leurs salariés deviennent une sorte de quatrième fonction publique, après la fonction publique de l'État, des collectivités territoriales, et la fonction publique sanitaire et sociale, avec un statut moins protecteur et un niveau de salaire variable. Une telle sous-traitance de missions de services publics par des associations a vocation à donner de la « souplesse » à la gestion publique. Cela engendre une gestion totalement prise en charge par les règlements et les personnels publics avec une certaine idée du service inspirée par les objectifs éthiques ayant présidés à la création de l'association. Cette gestion aura également un coût moindre

Le danger est que ces associations se contentent de faire de la sous-traitance de service public. Elles perdent alors leur capacité d'initiative, leur marge de liberté, leur identité propre, leur possibilité de critique de la puissance publique qui les finance. Elles ne peuvent plus mettre en œuvre le projet associatif qui a conduit à leur création et à leur développement. Le risque existe. Il est accru par l'utilisation massive de la technique de l'appel d'offres par lequel la puissance publique est prête à financer le projet qu'elle définit elle-même. Il est aujourd'hui renforcé par l'incitation au regroupement sur pression des pouvoirs publics qui cherchent à éviter l'émiettement et obtenir une plus grande docilité des structures dépendantes des fonds publics. Pour autant de nombreuses associations gèrent des équipements ou des programmes financés par la puissance publique sans perdre leur âme. Car, par divers moyens visant à garantir leur indépendance, elles ont su garder des marges de manœuvre. Le projet associatif ne peut pas se limiter ou s'épuiser dans cette prestation de services. Mettre à profit les services offerts permet de connaître les réalités pour les faire évoluer.

La Cimade a une forte expérience dans le domaine de la prestation de services pour des populations démunies, en l'occurrence les étrangers présents en Centre de rétention administrative. L'association semble être aux yeux de beaucoup un sous-traitant de l'État. Ceux qui offrent ces services connaissent les ambiguïtés de cette situation. Ils prennent le risque d'apparaître comme des supplétifs de la fonction publique ou comme complices des responsables des centres de rétention. Y compris de prendre le risque de se faire injurier par ceux à qui l'on apporte une aide. Devant cette ambiguïté, la tentation consiste à s'arrêter et à ne plus s'engager. Et pourtant, défendre les droits de ceux qui vont être reconduits à la frontière est nécessaire. Pour accomplir cette tâche humanitaire indispensable, il faut parfois réclamer et accepter des subventions pour accomplir cela avec professionnalisme. Et avec le risque, le jour où ces subventions ne seront plus versées, de devoir effectuer un plan social et de licencier pour motif économique. Une telle logique de sous-traitance de la puissance publique fait bien sûr l'objet de vives discussions au sein des associations humanitaires, et à La Cimade en particulier. C'est la situation que connaissent aussi les associations d'hébergement d'urgence comme l'Association des cités du Secours catholique, qui se bat pour conserver des financements destinés à l'accompagnement des personnes hébergées vers une sortie positive notamment en terme de logement et d'emploi.

Agir et interpeller

Les associations gestionnaires de tels équipements au service des plus démunis, qui sont entrées dans une logique de prestations de service pour les défavorisés de la société, se reconnaîtraient certainement dans cette « règle » adoptée par le mouvement Emmaüs : « Devant toute humaine souffrance, selon que tu le peux, emploie-toi non seulement à la soulager sans retard, mais encore à détruire ses causes. Emploie-toi à détruire ses causes, mais à soulager sans retard. » Agir et interpeller. Il ne s'agit pas de privilégier un aspect au détriment de l'autre, mais maintenir ensemble l'interpellation et l'action. Si on peut agir, il serait totalement irresponsable de ne pas apporter une aide à court terme à celui qui en a besoin. Et il serait totalement naïf de croire qu'une action ponctuelle d'aide à court terme pourrait à elle seule apporter une réponse structurelle à un mécanisme d'exclusion toujours à l'œuvre. Il faut s'attaquer aux causes de l'exclusion.

Le monde associatif ne souhaite pas devenir une quatrième fonction publique qui assurerait des prestations de services à un coût moindre que les services sociaux de l'État. Il ne s'agit pas non plus de rejeter sur l'État la prise en charge de tous les problèmes sociaux. Il y a bien une légitimité des acteurs non étatiques à s'occuper de ces questions. Et un devoir de l'autorité publique de financer ces acteurs non étatiques qui prennent en charge une question sociale. De même que l'État ou la Sécurité sociale financent les hôpitaux privés qui concourent au service public de l'accès aux services de santé, hôpitaux privés avec ou sans but lucratif, ces derniers étant bien plus nombreux que les premiers.

Être gestionnaires d'équipements sociaux ne signifie pas renoncer à être acteur de transformation sociale. Agir n'empêche pas d'interpeller. Bref, c'est un devoir pour les associations de s'adresser aux élus politiques ou aux candidats. C'est aussi le devoir des politiques de leur répondre. Beaucoup d'associations ont su mettre au point des processus efficients d'information des députés, des sénateurs et autres élus. Le problème réside peut-être dans le fait que trop peu d'élus prennent au sérieux le dialogue avec le monde associatif. Ou alors ces élus tentent d'étouffer la voix des associations sous une bruyante brassée d'éloges : « Vous êtes formidables, heureusement que vous êtes là »... avec Légion d'honneur à la clé. Mais ces éloges ont pour objectif de noyer la parole dérangeante des associations.

Vivre auprès des exclus : troisième modalité d'action pour certaines associations

Dans les pages précédentes, on a brossé le tableau d'associations qui agissent avec et pour les exclus, et d'autres ou les mêmes qui interpellent les pouvoirs publics. Cela risque de donner l'impression que toute association humanitaire se situe sur cet axe : entre la prestation de service et l'interpellation des pouvoirs publics. Cette impression est trompeuse. La réalité est plus complexe. Il existe une autre modalité, on pourra l'appeler une troisième modalité d'action : elle consiste à aller rejoindre les exclus, non pas pour leur apporter quelque chose, mais pour partager leur vie et contribuer à susciter parmi ces exclus des acteurs de transformation sociale. Vivre auprès des familles en grande pauvreté, rejetées de la société, vivre simplement en égaux, développer des actions avec ces personnes et ces familles pour aider à faire émerger des « militants » provenant eux-mêmes de ces milieux. Vivre avec les personnes, c'est l'expression du rejet de toute forme d'assistance, c'est la reconnaissance de l'égalité entre citoyens, chacun cherchant à exercer ses droits et ses devoirs dans la collectivité. Chacun partageant avec les autres ce qu'il peut percevoir, apprendre et transmettre à d'autres concernant ce combat contre la misère. Cette vie partagée donne de la légitimité aux analyses faites sur la grande pauvreté et ouvre donc la voie à des actions de plaidoyer auprès des pouvoirs publics.

Vivre avec les familles en grande pauvreté, c'est aussi reconnaître que ces familles ont, de l'intérieur, une connaissance approfondie de cette grande pauvreté. Bien sûr, cette connaissance ne s'exprime pas toujours selon les codes couramment reçus dans la société, et c'est pourquoi elle n'est guère entendue. Aussi, il faut déployer beaucoup d'efforts pour que cette connaissance acquise par les personnes concernées elles-mêmes, cette sagesse de vie puisse être entendue dans le brouhaha général. Il faut prendre le temps et inventer des lieux, des méthodes pour faire accéder à la parole (publique) ce qui habituellement relève plutôt de la souffrance muette ou de l'invisibilité sociale. Les « universités populaires » du mouvement ATD Quart Monde, les colloques de « croisement des savoirs » font partie de ces techniques qui permettent d'honorer et de récupérer un savoir qui, sans cela, risque d'être à la fois discrédité, perdu et inutilisé.

« Donner place et parole au pauvre » relève de cette même inspiration. Insister sur la relation de « partenariat » est une manière de dire qu'on aspire à des relations d'égalité, qu'on rejette l'assistanat, que l'on vit dans une société où chacun est appelé à donner et à recevoir. C'est l'aspiration, le droit et la dignité de chacun. Donner et recevoir, c'est aussi la meilleure manière de favoriser l'intégration de tous. Faire accéder au statut de parole publique, de savoir connu et reconnu sur la place publique, c'est le meilleur moyen de sortir l'expérience de ceux qui vivent dans la grande pauvreté du cercle du silence et du mépris dans lequel on la tient trop souvent.

Des propositions pour d'autres modèles de développement

Les associations n'ont pas pour vocation de donner des consignes de vote. Nos cinq associations mettent à profit les périodes électorales pour donner la parole aux Français, surtout ceux qui d'ordinaire sont muets ou inaudibles. Elles souhaitent mettre certains sujets à l'ordre du jour des débats, parce qu'elles estiment que ces sujets sont importants. On ne proposera donc pas ici de nouveaux modèles de développement économique, ni même de nouveaux modèles sociaux, alternatifs en rapport avec ce que nous expérimentons. Ce que les associations ont à proposer relève à la fois de l'analyse de la situation actuelle, et de l'offre de propositions pour un changement réel. Nous allons en donner une illustration ici.

Le discours sur la « crise » est omniprésent. Nous avons déjà dit ce que nous en pensions. Il ne faudrait pas oublier nos concitoyens pour qui la crise n'a rien de neuf ; ils vivent dans la crise depuis toujours. La crise, en réalité n'est pas d'hier. Il y a trente-cinq ans que le chômage ne cesse d'augmenter. Mais la nouvelle crise née en 2008, qui suit celle née de l'éclatement de la bulle internet, après la crise pétrolière, ne fait que renforcer leur exclusion, diminue les moyens financiers de l'État qui auraient pu être affectés à la lutte contre la misère, et multiplie le nombre de précaires, rendant du même coup la lutte contre la misère moins urgente, car on commence par vouloir rassurer et réhabiliter ceux qui ont subitement régressé du statut de stables à précaires.

Pour un développement économique créateur d'emplois

Malgré la crise, durant la crise, et à cause de la crise, il est plus urgent que jamais de s'interroger sur les finalités de l'activité économique. Il ne s'agit pas de vouloir réparer ce qui fonctionne moins bien. De coller quelques rustines sur un néolibéralisme financier qui a dérapé et confirmé que les mécanismes de marché ne sont pas autorégulateurs Il s'agit de remettre la personne au cœur des finalités économiques, d'orienter l'activité économique vers la satisfaction des besoins vitaux de chaque homme, de chaque femme. L'économie ne doit pas être au service d'un accroissement maximal des profits. Elle doit tendre à créer des emplois pour permettre à chacun de déployer ses capacités à être créatif, à contribuer au bien commun de la société et au bien-être de tous. Elle doit viser à la satisfaction des besoins et à l'enrichissement de la collectivité.

C'est pourquoi il faudra mettre en place des modèles économiques nouveaux, une économie plurielle, orientée vers la personne et son plein épanouissement. Une économie créatrice d'emplois, et donc aussi d'emplois pour les moins qualifiés.

L'Économie sociale et solidaire (ESS)

L'économie sociale et solidaire (ESS) est une autre manière de faire de l'économie, de concevoir l'entreprise respectueuse de l'être humain dans sa diversité.

L'Économie sociale et solidaire est à la fois orientée vers la personne quelle emploie, respectueuse de l'environnement et de toutes les ressources, y compris humaines et financières qu'elle met en œuvre. Elle vise avant tout à répondre à des besoins sociaux que le marché néglige ou auxquels il ne s'intéresse pas faute d'une rentabilité suffisante aux yeux des marchés financiers. Cela conduit à porter une grande attention à l'écologie et au développement durable des ressources qui n'est pas un effet de mode ou un gadget naturaliste. C'est la prise en compte des intérêts des générations futures qui nous incite à parler d'abord d'écologie, car nous sommes confrontés à la finitude des ressources naturelles, à la finitude de notre terre, et nous ne pouvons pas continuer à profiter d'une économie productiviste qui n'est trop souvent qu'une économie de prédation. Nous pillons les richesses naturelles, en commençant par le pétrole, le gaz et les autres ressources rares de cette Terre : eau potable, terres cultivables, minerais, énergie, nous portons atteinte à la biodiversité et à la stabilité climatique. Cette exploitation excessive de ressources rares fait évidemment exploser le prix de ces matières premières, privant du même coup les peuples les plus démunis d'un accès à ces ressources pour leur développement. La préoccupation sociale et la préoccupation écologique convergent. Plus de respect pour notre terre conduit à mieux prendre en compte les besoins de nos contemporains les moins favorisés, à respecter les travailleurs, à leur fournir la formation dont ils ont besoin. L'économie sociale et solidaire repose en outre sur un principe de distribution et de capitalisation interne et non de capitalisation privée par appropriation de la plus value par les actionnaires. Les bénéfices dégagés ne sont pas destinés à rémunérer un capital investi, mais à être répartis entre les acteurs et à s'inscrire dans le développement de la structure par investissement, recherche et développement, assistance des partenaires, embauche. Le principe démocratique est au fondement de l'économie sociale et solidaire.

Un développement économique durable, pour les générations à venir

Cette prise en compte des enjeux écologiques dans le développement est aussi inspirée par le souci des générations à venir. Nous ne pouvons pas et ne devons pas léguer aux générations suivantes une Terre pillée ou abîmée au point de ne plus pouvoir fournir les biens dont cette génération aura besoin pour subsister.

C'est pourquoi il faut empêcher que cette économie ne dérive loin des chemins d'humanisation que nous souhaitons, comme on a laissé filer le monde de la finance sans régulation avant 2008, avec les conséquences que l'on sait. Il faudra poser sans relâche les questions dérangeantes, réaffirmer le rôle de l'État contre sa démission trop fréquente de nos jours, qui est de rappeler les règles fondamentales que la société se donne à travers sa constitution et son adhésion à des traités internationaux, régionaux et mondiaux. Responsabilité difficile à exercer tant les niveaux de responsabilité et de décision sont pluriels de nos jours, depuis la commune jusqu'à l'Union européenne et la communauté internationale.

La lente émergence d'une société civile mondiale

Les sociétés civiles des divers pays du monde peuvent y contribuer. Nous croyons en l'émergence d'une société civile mondiale que nous voyons à l'œuvre, ne fût-ce qu'au niveau très partiel des associations internationales ou ONG auxquelles nos associations nationales adhèrent : CIDSE, Caritas internationalis, Emmaüs international, Mouvement international ATD Quart Monde, et le réseau international des Églises issues de la Réforme pour La Cimade[4]... même si ces liens sont parfois assez ténus ou très indirects.

---

4. La CIDSE est une alliance internationale de 16 agences de développement catholiques. Le membre français de la CIDSE est le CCFD-Terre solidaire.

Caritas internationalis est le nom de la Confédération qui regroupe les 165 Caritas nationales dans le monde, en France le Secours catholique.

Emmaüs international regroupe les 36 mouvements nationaux Emmaüs.

Le Mouvement international ATD Quart Monde est présent dans 34 pays.

La Cimade est un mouvement membre de la Fédération protestante de France (FPF) et à ce titre du Conseil Œcuménique des Églises qui regroupe 349 Églises, en quête d'unité, de témoignage et de service chrétien.

Cette émergence d'une société civile mondiale est l'un des phénomènes majeurs à ce moment de l'histoire de l'humanité. Partout se manifeste une société civile soucieuse du bien commun de l'humanité tout entière. Cela est visible dans les mobilisations pour défendre la biodiversité, les ressources halieutiques[5], la forêt primaire autour de l'équateur, la paix ou une démocratie participative à l'autre bout de la planète, le respect des droits de l'Homme, l'abolition de la peine de mort, etc. On pourrait et on devrait poursuivre cette liste qui n'est cependant pas une liste à la Prévert : la diversité des objets de mobilisation manifeste un sens accru de responsabilité vis-à-vis de la planète et de son avenir. Nous n'avons qu'une seule terre, nous en sommes tous responsables, les frontières des États souverains ne peuvent pas et ne doivent pas nous arrêter. Aussi il nous faut la gérer comme un intendant respectueux et non la piller.

Les traits d'un modèle de développement économique et social appelé de nos vœux engagent notre avenir collectif partout dans le monde. Une politique visant à faire respecter l'égale dignité de chacun ne peut aboutir à l'échelle d'un seul pays et certainement pas sur la base de la préférence nationale. Depuis toujours, les personnes migrantes ou déplacées rejoignent dans leur pays d'accueil des lieux de pauvreté et y subissent le même dénuement et le même rejet qui ceux qui y résident déjà. Les politiques d'accès aux droits et devoirs de tous exigent une concertation approfondie entre les pays et les peuples. Elles nécessitent que soit renforcée l'Union européenne, dans son rêve de supprimer les frontières physiques et plus encore dans ses aspirations à abolir les frontières sociales. Elles nécessitent que soient renforcées les Nations unies dans leur ambition de faire éradiquer la misère et respecter les droits de l'Homme. Malgré la peur du déclassement qui pousse au repli sur soi, nous refusons une société qui pointe du doigt le prétendu mauvais pauvre ou l'étranger accusé d'être profiteur et source d'in-

5. Ressources vivantes aquatiques.

sécurité dans la société. Partout dans le monde, l'expérience montre que les plus fragiles paient le prix fort chaque fois que l'on dresse une population contre une autre. On attend des partis politiques, et plus généralement de toutes les autorités dans le pays, qu'ils soutiennent le sursaut civique qui se lève dans notre pays pour refuser les rejets et pour apprendre à penser et vivre ensemble dans le respect de l'égale dignité de chacun.

Pour un modèle de développement fondé sur le partenariat

Ainsi qu'on l'a déjà indiqué, il serait vain de chercher une solution à nos problèmes à la seule échelle de la France. On ne construira pas un îlot de prospérité et de paix au milieu d'un océan de détresse et de conflits. Aussi, il convient de réaffirmer fortement que, pour proposer des pistes de solution pour la France, il faut les insérer dans une réflexion sur l'Europe et la planète entière. Heureusement, certains s'y emploient déjà.

La mondialisation ne fait pas peur à nos associations qui la vivent déjà depuis longtemps, par leurs actions avec des étrangers ou des migrants, et leurs actions de solidarité avec des communautés locales dans des pays lointains. On le répète, la solution aux défis français ne se trouve pas dans la diabolisation des tendances du monde actuel à une interdépendance croissante. Ce phénomène est très certainement nouveau par son ampleur : ce ne sont pas seulement les économies qui sont désormais reliées les unes aux autres, ce sont aussi les sociétés et les cultures qui se rencontrent et qui se mêlent. Ce constat concerne les pays en développement et les pays développés, les pays émergents et les pays dotés de ressources naturelles, autant de pays enracinés dans des cultures si diverses... Et on ne peut pas et on ne doit donc pas se limiter aux seuls aspects économiques de cette interdépendance croissante. Cette mutation radicale conduit à changer de regard sur la planète et ses habitants. Nous, Occidentaux, nous ne pouvons plus, même sous des prétextes généreux, prétendre dire ce qu'il est bon de faire à des habitants du Sud ou de l'Est qui seraient ignorants et incapables de construire leur projet pour se libérer de la misère et du sous-développement. Beaucoup d'associations, comme le CCFD-Terre solidaire, ont une longue expérience d'une autre relation avec les personnes de communautés délaissées, de groupes discriminés, de pays marginalisés, ici en France ou là-bas dans des pays moins avancés. Au lieu de parachuter des projets et des financements sur des habitants qui n'avaient pas été écoutés, ces associations ont choisi d'accompagner et de soutenir les projets que ces habitants ont conçus eux-mêmes. Cette expérience ouvre les yeux.

Les relations entre pays, entre communautés, entre groupes organisés d'hommes et de femmes dans le monde ne peuvent se concevoir sur le modèle trop souvent appliqué dans la sphère économique ou boursière : une lutte pour la domination. Manger ou être mangé. La vie internationale ne se résume pas, heureusement, à cette image d'une guerre de tous contre tous que certains nous présentent comme la loi d'airain de l'économie. Le mot de solidarité n'est pas vain, beaucoup d'associations et d'ONG en donnent dès aujourd'hui le témoignage et une illustration vivante.

Le monde actuel ne s'organise pas non plus selon un second schéma qui s'inspire, paraît-il, de la concurrence pseudo-libérale fondée sur un principe : « Que le meilleur gagne ! » Cela n'aurait aucun sens pour les plus fragiles. « Que le meilleur gagne ! » signifie en effet : « Que les plus fragiles perdent ! ». Et le système ainsi ne cesse de fabriquer de la précarité, de la marginalité, de l'exclusion.

Si l'on refuse ces deux logiques – la loi du plus fort et la victoire des meilleurs – il nous reste à rendre possible la troisième dynamique, celle de la solidarité et du dialogue, résumé par le beau mot de partenariat. Cette perspective repose sur une conviction sociopolitique : la mondialisation actuelle guidée par les deux premiers scénarios est intenable en ce qu'elle nous conduit à nous « dévorer les uns les autres », creusant ainsi davantage le fossé entre les puissants et les pauvres. Le choix de la solidarité et du partenariat est le seul réaliste pour l'avenir des générations futures. Le vrai courage et la vraie intelligence sont dans ce choix souvent moqué comme une utopie stérile ou naïve. Le mot de partenariat résume le mieux à la fois les valeurs nécessaires à la mise en œuvre de ce « modèle » et le chemin à parcourir. Partenariat : être ensemble acteurs de la transformation sociale, sans supériorité, sans assistance. Dans la reconnaissance mutuelle de la dignité de chacun, de la responsabilité de chacun. La dignité n'est pas un slogan creux. Elle est la force qui permet de construire sur des bases solides. Cette dignité devient source d'actes de projets précis. Gandhi peut guider nos choix lorsqu'il disait : « Quand vous prenez une décision, ayez devant vous l'image de l'homme le plus pauvre que vous ayez jamais rencontré, et demandez-vous si cette décision va l'aider. Si la réponse est oui, prenez-la sans hésitation. » La reconnaissance théorique de la dignité ouvre ainsi sur le domaine des choix politiques. Entre les divers peuples d'Europe, entre les divers peuples du monde enracinés dans des cultures, des langues et des religions si diverses, ce chemin est celui du partenariat. Sans domination ni supériorité. Dans le dialogue et le partage. Dans la solidarité.

Considérer toutes choses en fonction de l'impact sur la situation des plus vulnérables

Respecter cette égale dignité, cette égalité en droits, cette fraternité dont on parle tant en la mettant si peu en pratique, c'est accorder une place spéciale à ceux qui vivent dans la précarité. Nous ne réclamons pas des mesures de discrimination positive, mais plutôt une attitude faite de réalisme : toute politique qui vise tous les citoyens doit être particulièrement attentive au sort réservé aux plus démunis. Considérer les conséquences sur les plus vulnérables peut et doit être érigé en critère pour juger toute mesure qu'on envisage de prendre. Juger de tout projet, de toute mesure nouvelle prise ou à prendre par les pouvoirs publics à partir du critère qui consiste à se demander si le projet ou la mesure améliorera le sort des plus démunis : voilà la révolution à laquelle on peut légitimement aspirer en ce début du XXIe siècle. Nos associations veulent progresser sur ce chemin. Ce livre doit y contribuer.

CONCLUSION

Lutter contre la pauvreté et se donner les moyens de vivre ensemble

Dans une société française où bien plus qu'ailleurs en Europe, la peur de se retrouver demain à la rue, inquiète de manière irraisonnée, la lutte contre la pauvreté et l'exclusion est une nécessité politique. Les nombreuses lois, votées ces dernières années, du RMI au RSA et à la CMU [1], sont autant d'avancées dans le combat contre la pauvreté. Que ce soit par conviction ou par volonté d'affichage sur ce créneau assez facilement consensuel, peu importe ici. Les femmes et les hommes politiques sont jugés par les électeurs sur leurs actes plus que sur leurs intentions.

Cette lutte contre la pauvreté et l'exclusion ne donne cependant pas les résultats que l'on pourrait en escompter. L'intuition de beaucoup de Français est que notre société compte davantage de personnes en situation de pauvreté et que cette pauvreté se durcit pour ceux qui en sont le plus affectés. Ces impressions de sens commun sont confirmées par les chiffres. Pourtant, ce ne sont ni les idées ni les lois qui manquent. C'est le courage politique de les appliquer dans leur entièreté. C'est souvent dans le manque de moyens humains pour l'accompagne-

1. Le revenu minimum d'insertion (RMI) était une allocation en vigueur en France entre 1988 et 2009. Remplacée à cette date par le revenu de solidarité active (RSA). La couverture médicale universelle (CMU) est une prestation sociale permettant l'accès aux soins à toute personne, depuis l'an 2000.

ment que les dispositifs généreux de notre État social trouvent leurs limites. Trop peu d'agents en réelle situation d'accompagnement à Pôle emploi, trop peu de temps pour honorer la dimension formation et insertion du dispositif RSA, trop peu de temps pour que la lutte contre l'isolement soit prise en compte... Trop peu de temps pour accorder à la personne vulnérable l'attention qu'elle mérite. Alors le non-recours se généralise, se banalise. Non-recours de ceux qui pourraient prétendre bénéficier d'une allocation ou d'un mécanisme de soutien et ne le font pas par ignorance, peur, sentiment d'abandon, isolement. Toutes les associations humanitaires ou sociales font cette expérience amère. Beaucoup d'entre elles se sont justement « spécialisées » à leur corps défendant dans cette tâche de recours contre les dysfonctionnements administratifs, dans cette tâche d'appui aux personnes dans la difficulté afin que celles-ci aient assez d'énergie pour faire valoir leurs droits.

Mais au cœur de ce phénomène du non-recours, il y a le découragement des plus vulnérables de nos concitoyens et la crainte de la stigmatisation. Le discours contre les profiteurs et les fraudeurs n'aide pas ceux qui n'ont d'autre possibilité de ressources que celles issues des minima sociaux.

La solidarité sociale en France mérite mieux que nos postures actuelles. On vote une loi affirmant de grands principes. Le peuple, à la fois électeur et contribuable, pense que le problème est réglé, alors que tout reste à faire.

À la place qui est la nôtre, nous pouvons affirmer que la solidarité n'est pas morte en France. Nos concitoyens la considèrent comme une valeur fondatrice de la société, comme une composante essentielle du pacte social qui nous lie les uns aux autres. Cette solidarité, loin d'être seulement une charge, est un investissement qui permet d'entretenir et de renforcer ce lien social. Nos concitoyens le souhaitent. Ils sont prêts à en financer le prix. Ils demandent à nos hommes politiques de transformer cette valeur de solidarité en dispositifs législatifs et réglementaires. Nos concitoyens les plus vulnérables ne demandent pas de vivre comme des assistés. Ils souhaitent apporter leur contribution au développement de la société. Mais trop souvent, ils n'en ont pas ou plus les moyens.

Cette solidarité, loin d'être morte ou en déclin, est pour les Français une forte aspiration et une pratique répandue. Bien souvent de la famille, elle s'étend à des cercles plus larges, professionnels, confessionnels, militants, nationaux et internationaux. Ils sont nombreux ceux qui ne limitent pas leur solidarité à la communauté nationale, mais visent le bien commun le plus large, européen et mondial.

Ce ne sont pas seulement nos convictions qui nous font dire : il est possible de vivre ensemble. Nos concitoyens le souhaitent, ils l'expérimentent, ils paient le prix pour que ce vivre ensemble soit possible. Les pouvoirs publics ont évidemment leur part de responsabilité pour une organisation adéquate de ce vivre ensemble. Les associations de proximité, de solidarité avec les plus démunis, de soutien aux plus vulnérables agissent pour que ce vivre ensemble soit étendu à tous les membres de notre société, tous, sans exception et en particulier ceux qui dépendent le plus de la collectivité pour leur permettre de mener une vie digne, sans oublier ceux qui, sans être citoyens, résident en France. Sans oublier ceux qui vivent dans la précarité hors de l'Hexagone, ces centaines de millions qui partagent avec nous une commune humanité. La solidarité ne se divise pas. Elle est au fondement de toute société digne de ce nom, de toute humanité.

ANNEXE

ATD QUART MONDE FRANCE
AGIR TOUS POUR LA DIGNITÉ –
QUART MONDE FRANCE

Le Mouvement ATD Quart Monde lutte pour les droits de l'homme, avec l'objectif de garantir l'accès des plus pauvres à l'exercice de leurs droits et d'avancer vers l'éradication de l'extrême pauvreté. Il développe des projets sur le terrain avec des personnes qui vivent en situation de pauvreté ; il travaille pour sensibiliser l'opinion des citoyens et obtenir des changements politiques ; il promeut le dialogue et la coopération entre les différents acteurs sociaux. Dans toutes ses actions, deux principes majeurs sont mis en œuvre :

– Penser et agir avec les personnes en situation de grande pauvreté, permettent d'établir ensemble les conditions d'une véritable participation.

– Ne laisser personne de côté.

Présent dans une trentaine de pays dans le monde, le Mouvement ATD Quart monde agit dans les domaines suivants :

– Rejoindre les personnes en situation d'extrême pauvreté.

– Promouvoir l'accès au savoir, à la culture et à l'éducation.

– Mener des projets pilotes pour garantir l'accès de tous aux droits fondamentaux.

– Informer mobiliser les citoyens, la société civile, les autorités et les institutions.

– Mener une recherche et développer une connaissance.

– Promouvoir la participation et la représentation des populations très défavorisées vis-à-vis des organismes locaux, nationaux et internationaux.

Le Mouvement ATD Quart Monde est une organisation non gouvernementale sans affiliation ni religieuse ni politique. Fondé en 1957 par Joseph Wresinski, il agit dans trente-quatre pays en Afrique, en Amérique du Nord et du Sud, dans l'Océan Indien, en Asie et en Europe. Il se caractérise par le refus de l'assistance, par le souci de donner la parole aux démunis, la volonté de détruire l'extrême misère et non de la soulager.

L'engagement de militants Quart Monde, de volontaires permanents, d'alliés et d'amis est au cœur de son action. ATD Quart Monde propose et soutient différents types d'engagements :

– **Les militants Quart Monde** : au centre de cette action se trouve des personnes qui ont elles-mêmes une vie difficile à cause de la grande pauvreté et qui choisissent de rejoindre le Mouvement ATD Quart Monde, apportant leur réflexion et leur expérience. Ces militants Quart Monde s'engagent activement à rechercher et soutenir des personnes encore plus démunies pour que tous puissent exercer leurs droits comme citoyens et participer à la destruction de la misère.

– **Les volontaires permanents** : Depuis ses débuts, le Mouvement ATD Quart Monde invite des personnes à s'engager à plein temps, vivant et travaillant dans la durée aux côtés des personnes et des familles en grande pauvreté, et disponibles au développement du Mouvement dans le monde. Elles forment le Volontariat permanent ATD Quart Monde. Ces volontaires permanents sont actuellement près de 400, représentant une quarantaine de nationalités, de toutes origines sociales et culturelles.

– **Les alliés et les amis** : ils sont engagés au sein de leur milieu social, professionnel ou culturel. Ils cherchent à mettre en œuvre les améliorations et les transformations sociales nécessaires à un mieux vivre ensemble. Là où ils vivent, agissent et travaillent, ils suscitent de nouveaux engagements en faveur d'une société plus juste. Au sein du Mouvement ATD Quart Monde, ils rejoignent des groupes tels les réseaux professionnels (éducation, santé, culture, juridique, etc.), ou les groupes locaux dans lesquels ils soutiennent les projets du Mouvement.

– **Des enfants de différents milieux veulent partager l'amitié**. Ils posent spontanément des gestes d'amitié, de respect, de solidarité et de paix. Ils peuvent créer des projets pour apprendre des enfants dont la vie quotidienne est très différente de la leur. Ils peuvent inventer une manière de vivre qui ne laisse personne de côté. Pour les soutenir ATD Quart Monde a créé Tapori, un courant d'amitié entre enfants.

Le mouvement organise des sessions et des séminaires, des Universités populaires Quart Monde, publie des études et des recherches. Parce que des personnes vivant en situation de pauvreté, des citoyens solidaires du refus de la misère, des fonctionnaires, des responsables politiques, et d'autres acteurs de la lutte contre la pauvreté et l'exclusion sociale doivent se rencontrer pour chercher ensemble des chemins de lutte contre la grande pauvreté. C'est la conviction et l'expérience de ATD Quart Monde qui a publié une *Charte du croisement des savoirs et des pratiques* (disponible sur le site).

En 2012, ATD publie 64 propositions concrètes à l'occasion des élections en France. Le mouvement ne peut concevoir l'avenir indépendamment de celui des populations que la misère exclut en France et dans le monde. Aussi ATD interpelle les différents partis politiques français sur la façon dont ils comptent traiter les questions soulevées par les personnes vivant dans la grande précarité et par celles qui leur sont solidaires. La réflexion des milieux très démunis qui souhaitent participer, mais font l'expérience quotidienne du déni de justice et des droits de l'homme, du déni de liberté, d'égalité et de fraternité, cette réflexion est indispensable. Les politiques visant à faire respecter l'égale dignité de chacun ne peuvent pas aboutir à l'échelle d'un seul pays et en aucun cas sur la base de la préférence nationale.

On trouvera la Lettre ouverte d'ATD Quart Monde aux partis politiques, à leurs militants et à toutes les personnes vivant en France sur le site. Ainsi que le dossier avec 64 propositions concrètes.

Contact : ATD Quart Monde
33, rue Bergère
75009 Paris
tél. : 01 40 22 78 35
www.atd-quartmonde.fr

CCFD-TERRE SOLIDAIRE
Comité catholique contre la faim et pour le Développement-Terre solidaire

Constitué en association selon la loi de 1901, reconnu d'utilité publique en 1984, le CCFD-Terre solidaire est, aujourd'hui, la première ONG française de développement. Il est composé d'une part de 29 associations, mouvements et services de l'Église catholique en France, et d'autre part d'adhérents directs, des personnes physiques.

Une équipe permanente de 170 salariés est chargée de mettre en œuvre les missions de l'association. Avec l'appui d'un réseau de 11 000 bénévoles répartis dans 1 500 équipes locales.

Le CCFD-Terre solidaire a deux missions:
– l'appui aux partenaires du Sud et de l'Est.
– l'éducation au développement en France.
Il entreprend de nombreuses actions de plaidoyer.

Les ressources du CCFD-Terre solidaire proviennent essentiellement de la générosité du public. Le total des produits (et charges) se monte annuellement environ à 42 millions d'euros.

Partenariat

En 2010, le CCFD-Terre solidaire a soutenu 466 projets dans 60 pays. Dans sa mission de soutien au développement, il choisit de ne pas mener lui-même d'actions dans les pays du Sud et de l'Est. Mais il y soutient des acteurs locaux de développement, c'est-à-dire des groupes d'hommes et de femmes au sein des sociétés civiles qui souhaitent prendre en charge leur destin et transformer leurs réalités. Ces acteurs locaux deviennent ainsi des « Partenaires » du CCFD-Terre solidaire, dans la construction d'un monde de paix, de justice et de solidarité.

Le soutien du CCFD-Terre solidaire à ses partenaires porte sur plusieurs domaines: la souveraineté alimentaire, la prévention et résolution des conflits, l'économie sociale et solidaire, les migrations internationales, l'éducation, la promotion des femmes...

La solidarité ou le partenariat n'est pas l'assistanat. Le CCFD-Terre solidaire n'envoie pas d'expatriés, ni de matériel, il n'a pas d'antenne ni de mission à l'étranger. Il renforce les acteurs locaux du développement. Ces derniers sont proches des milieux sociaux concernés. Ils connaissent leurs besoins, les modalités pour établir une relation saine avec des milieux socialement et humainement fragiles, voire politiquement exposés. Le CCFD-Terre solidaire n'est pas un opérateur technique de projets conçus de l'extérieur. C'est la vision que les acteurs ont de leur propre avenir, de leur chemin vers une amélioration de leur condition que le CCFD-Terre solidaire étudie et décide d'appuyer.

L'appui du CCFD-Terre solidaire aux partenaires étrangers peut prendre diverses formes:

– Le financement d'activités et de projets de terrain pour améliorer les conditions de vie des populations: création d'écoles, accès à l'eau, essor de l'agriculture villageoise, création d'activités génératrices de revenus, soutien à des associations.

– La mise en réseau et l'échange d'expériences entre différents acteurs locaux: réseau d'organisations paysannes, réseau de micro-crédit...

– La participation à des campagnes d'opinion et de plaidoyer: sommets parallèles du G8, G20, Forum social mondial, sommets des Nations unies, plaidoyers thématiques internationaux, par exemple sur les paradis fiscaux, etc.

En 2012, le CCFD-Terre solidaire a présenté un *Pacte pour une Terre solidaire*, pour que les peuples reprennent la main sur une économie déboussolée.

Dans une économie mondialisée, les crises sont interconnectées : crise de l'euro et des dettes souveraines, austérité budgétaire et diminution des politiques sociales au Nord, spéculation sur les marchés agricoles, crise de l'emploi, des droits de l'Homme... Les pouvoirs politiques ont semblé dans l'incapacité d'apporter des réponses concrètes pour reprendre le contrôle sur une économie internationale déboussolée et au service d'intérêts privés. Des solutions innovantes existent pour relever les défis actuels.

Le *Pacte pour une Terre solidaire* a été construit autour de 4 propositions « clés » :

– En finir avec les paradis fiscaux et l'évasion fiscale, fardeaux pour les États du Nord et du Sud. Il est possible de prendre des mesures pour que les multinationales et les banques, premières utilisatrices des paradis fiscaux, cessent d'utiliser ces territoires de non droit à des fins d'évasion fiscale.

– Stopper la spéculation sur les marchés des matières premières agricoles qui met en péril la stabilité des prix des denrées alimentaires, pesant lourdement à la fois sur les revenus des petits producteurs et sur le pouvoir d'achat des consommateurs.

– Renforcer la responsabilité des entreprises multinationales, acteurs majeurs de l'économie, afin qu'elles assument les pratiques de leurs filiales à l'étranger.

– Remettre au cœur des politiques migratoires française et européenne, le respect des droits des migrants, en renonçant à conditionner l'Aide publique au développement (APD) destinée aux pays d'origine, à un contrôle strict des flux migratoires.

Le *Pacte pour une Terre solidaire* vise à mettre la justice sociale au cœur des sociétés au Nord comme au Sud. Les mesures du *Pacte* se trouvent sur le site du CCFD-Terre solidaire, avec les analyses et rapports qui détaillent les campagnes de plaidoyer associées à ce Pacte (régulation et transparence pour une économie au service du bien commun).

Contact : CCFD-Terre solidaire
4 rue Jean-Lantier
75001 Paris
tél. : 01 44 82 80 00
www.ccfd-terresolidaire.org

LA CIMADE

La Cimade est une association de solidarité active avec les migrants, les réfugiés et les demandeurs d'asile. Avec ses partenaires à l'international, et dans le cadre de ses actions en France et en Europe, elle agit pour le respect des droits et la dignité des personnes. Elle « a pour but de manifester une solidarité active avec ceux qui souffrent, qui sont opprimés et exploités et d'assurer leur défense, quelles que soient leur nationalité, leur position politique ou religieuse » (article 1 des statuts). L'association a été fondée en 1939.

Accueillir et accompagner

Chaque année, La Cimade accueille et accompagne plusieurs dizaines de milliers de migrants et de demandeurs d'asile dans ses permanences. La Cimade contribue à leur insertion par l'organisation de formations spécifiques. Elle héberge également près de 200 personnes par an dans ses deux centres d'accueil de Béziers et de Massy.

Défendre et témoigner

Face à une législation toujours plus complexe et restrictive, La Cimade apporte son expertise et ses conseils aux étrangers afin qu'ils puissent faire respecter leurs droits. Intervenant dans certains centres de rétention administrative, elle est chargée par les pouvoirs publics d'une mission d'accompagnement et de défense des droits des étrangers contraints de quitter le territoire. Parce qu'il faut faire évoluer la loi et les mentalités, elle milite plus généralement pour la défense des droits fondamentaux des étrangers et le respect de leur dignité. À leurs côtés au quotidien, la Cimade peut témoigner de ce qu'ils vivent et des difficultés qu'ils rencontrent.

Solidaires ici et là-bas

Parce qu'accueillir l'étranger c'est également comprendre d'où il vient, La Cimade soutient des partenaires dans des pays du Sud autour de projets liés à la défense des droits fondamentaux, à l'aide aux réfugiés ou à l'appui aux personnes reconduites dans leur pays. Elle donne désormais priorité au renforcement et au travail avec les sociétés civiles du Sud et du Nord pour la défense des droits des migrants.

Le Mouvement Cimade

La Cimade rassemble des personnes d'horizons nationaux, confessionnels, philosophiques divers. (Article 1 des statuts). Née officiellement en 1939, La Cimade a pris pour sous-titre : l'humanité passe par l'autre. Enracinée dans les traditions réformées et luthériennes, La Cimade est un mouvement membre de la Fédération Protestante de France (voir www.protestants.org).

La Cimade est avant tout un vaste réseau d'adhérents, de bénévoles et de sympathisants dans toute la France. Véritable base militante de l'association, le Mouvement Cimade s'organise en une soixantaine de groupes locaux.

Les pôles d'activité nationaux

Le pôle Défense des droits fondamentaux coordonne les activités nationales de défense juridique des étrangers et demandeurs d'asile. Il réalise régulièrement des observations des pratiques administratives et met en place des outils statistiques.

Le pôle Enfermement – Éloignement est composé du service prison qui intervient dans plus de 50 établissements pénitenciers auprès des détenus étrangers et du service Défense des étrangers reconduits (DER). Ce dernier, qui compte plus de 60 intervenants juridiques, exerce une mission d'accompagnement social et juridique des étrangers dans les centres de rétention où sont retenus celles et ceux qui font l'objet d'une mesure d'éloignement du territoire.

Le pôle Formation – Insertion coordonne les actions de formation au Français et d'insertion professionnelle. Il intègre également le Centre provisoire d'hébergement (CPH) pour réfugiés de Massy et le Centre d'accueil pour demandeurs d'Asile (CADA) de Béziers.

Le pôle Solidarités internationales assure la mise en place et le suivi d'actions liées aux problématiques des migrations internationales dans de nombreux pays.

Le total des produits (et des charges !) se monte annuellement à environ 10 millions d'Euros.

La Cimade a publié en 2012 une série de propositions sous le titre : *Inventer une politique d'hospitalité, 40 propositions.* Cette brochure est téléchargeable sur le site de La Cimade.

Ces propositions sont regroupées autour de 4 principes résumés ici et qui convergent en une vision de société « Pour construire un vivre-ensemble entre citoyens » :

- 1. Pour un droit à la mobilité pour tous
- 2. Pour un devoir de protection des demandeurs d'asile
- 3. Pour un principe et des pratiques d'hospitalité
- 4. Contre la politique d'enfermement et d'éloignement forcé
- 5. Pour construire un vivre-ensemble entre citoyens

Contact : La Cimade
64 rue Clisson, 75013 Paris
tél : 01.44.18.60.50
www.cimade.org

EMMAÜS

Le mouvement Emmaüs reste fidèle à son fondateur, l'Abbé Pierre, figure emblématique de l'insurrection de la bonté en France. Il poursuit toujours son combat avec le double souci de l'action au quotidien avec les plus exclus, et la lutte contre les causes de la misère.

Tout au long de son histoire, Emmaüs, Mouvement solidaire et laïc, a su être innovant et réactif en adaptant les combats qu'il porte concrètement contre l'exclusion aux mutations de la misère. C'est la spécificité d'un mouvement solidaire toujours tourné vers la réalité du terrain qui, en mettant le travail au cœur de sa pratique, accueille sans restriction ceux qui en ont besoin. C'est aussi ce qui permet à Emmaüs, à chaque fois que cela est nécessaire, d'intervenir de manière libre dans le débat public en opposant ses propres pratiques.

Histoire

Depuis 1949, le Mouvement a su rassembler autour de lui des hommes et des femmes capables de bâtir des logements, d'organiser de grandes actions de secours, de créer des communautés, de mobiliser des bonnes volontés pour donner corps à cet immense élan de générosité qui devait être converti en actions de solidarité durable. À côté des actions engagées sur la création de logements et la rénovation de taudis, les 117 communautés ont suscité de multiples initiatives : aide financière aux familles endettées, accueil des sans domiciles, des malades, des personnes isolées et sans secours, des personnes soumises à des addictions, des étrangers ayant fui leur pays. La conviction que la démarche communautaire était une alternative possible de vie en société s'imposa très vite. Des structures d'insertion ont aussi proposé des activités salariées à des personnes loin de l'emploi. À l'individualisme, Emmaüs oppose l'entraide communautaire et le partage. À l'esprit de compétition individuelle, il objecte l'efficacité de l'action collective et le rejet de toute exclusion. À l'égoïsme et la peur de manquer, il réplique que la solidarité et la sobriété sont les seules réponses humainement et économiquement durables. Le combat est également politique et suppose la mobilisation de toutes les forces afin que soient adoptées par les gouvernants des réformes radicales contre les causes de la pauvreté et de l'exclusion. Pour bâtir une société fondée sur la dignité et la solidarité.

Valeurs

L'accueil

Quel que soit son parcours, son origine, son statut ou sa religion, la personne qui se présente dans un groupe Emmaüs est accueillie dans le strict respect de la liberté et de la dignité de l'autre. L'inconditionnalité de l'accueil implique celui des sortants de prison comme des immigrés sans-papiers en passant par les malades.

Le travail

Accueillir une personne en difficulté c'est lui permettre de retrouver une dignité et une place dans la société par le biais notamment du travail. À son arrivée, dans les Communautés ou les structures d'insertion, la personne est placée dans la position d'acteur d'un projet, impliquant la mobilisation de ses capacités.

La solidarité

En dirigeant tout ou une partie du fruit du travail des personnes vers la solidarité, le mouvement Emmaüs promeut un modèle alternatif où le travail ne constitue pas un asservissement, mais au contraire une possibilité d'accéder à la liberté d'être soi en aidant les autres.

Une interpellation publique

Emmaüs France se mobilise pour faire réagir l'opinion et les pouvoirs publics face aux situations d'exclusions intolérables. Parce que l'exclusion n'est pas une fatalité et que des solutions existent. Par des actions menées avec et envers les plus démunis. L'indignation collective est la condition de l'innovation et de l'action contre l'exclusion.

Organisation

Emmaüs France, association loi 1901, membre d'Emmaüs international, fédère l'ensemble des groupes Emmaüs en France. Pour mieux prendre en compte la diversité de ses formes d'intervention, Emmaüs France est structurée depuis 2003 en trois branches : la branche communautaire compte 117 structures (communautés d'accueil et de vie), la branche action sociale et logement compte 70 structures (accompagnement social, gestion de plus de 15 000 logements sociaux) et la branche économie solidaire et insertion compte 85 structures (y compris des entreprises vouées à l'insertion par l'activité économique). Au total, plus de

15 000 personnes engagées, dont près de 4 200 compagnons dans les communautés, plus de 4 700 salariés, dont 1 800 en contrats d'insertion, et 8 000 bénévoles. On collecte plus de 255 000 tonnes de marchandises. Environ 447 millions de ressources, l'activité de récupération produisant à elle seule 181 millions de ressources.

Campagne « mobilisons nos voies(x) »

En 2012, une campagne d'opinion « Mobilisons nos voies(x), pour une société plus solidaire » vise les candidats à la présidentielle et aux législatives, ainsi que l'opinion publique, autour de cinq thèmes : les sortants de prison, l'accueil des étrangers, l'insertion, l'hébergement et le développement durable. Les documents et les propositions concrètes sont disponibles sur www.emmaus-france.org/Mobilisons_nos_voix/

Contact : Emmaüs France
47 avenue de la Résistance
93104 Montreuil Cedex
Tel. : 01 41 58 25 00
www.emmaus-france.org

SECOURS CATHOLIQUE

Fondements

Le Secours catholique est une association loi 1901, reconnue d'utilité publique. Et en même temps un service de l'Église catholique de France et membre de la confédération Caritas internationalis (ONG internationale).

Fondé en 1946, le Secours catholique-Caritas France gère un budget annuel d'environ 145 millions d'euros. Il fédère un réseau de 62 000 bénévoles pour « apporter, partout où le besoin s'en fera sentir, à l'exclusion de tout particularisme national ou confessionnel, tout secours et toute aide directe ou indirecte, morale ou matérielle, quelles que soient les options philosophiques ou religieuses des bénéficiaires » (extrait des statuts, article 1er).

Mission

– Le Secours catholique a pour mission de faire rayonner la charité chrétienne par la mise en œuvre d'une solidarité concrète entre tous, en France et dans le monde.

– Il considère que les hommes, femmes, enfants vivant des situations de pauvreté sont les premiers acteurs de leur développement.

– Il s'engage à leurs côtés pour lutter contre les causes de pauvreté et d'exclusion, et promouvoir le développement de la personne humaine dans toutes ses dimensions.

– Il recherche un partenariat militant avec les organisations qui partagent ses objectifs afin de promouvoir la justice sociale au sein des politiques locales, nationales et internationales.

– Le Secours catholique invite chaque personne à aller à la rencontre des plus pauvres, à se mettre à leur écoute, à les soutenir et à s'associer avec eux pour construire ensemble une société juste et fraternelle.

Principes d'action

L'action du Secours catholique trouve son sens dans une vision d'ensemble de la lutte contre la pauvreté, qui vise à restaurer la personne humaine dans sa dignité et s'inscrit dans une perspective de développement durable.

Six grands principes guident l'action en France et à l'international :

– promouvoir la place et la parole des personnes vivant les situations de pauvreté ;

– rendre chacun acteur de son propre développement ;

– s'associer avec les personnes vivant les situations de pauvreté ;

– agir pour le développement de la personne humaine dans toutes ses dimensions ;

– agir sur les causes de la pauvreté et de l'exclusion ;

– éveiller à la solidarité.

En France : 1 450 000 personnes sont accueillies et accompagnées chaque année dans 2 440 lieux d'accueil.

À l'international : 480 projets d'urgence ou de développement sont menés avec les partenaires du Sud dans 69 pays, en lien avec le réseau Caritas internationalis (165 Caritas).

Une campagne pour les droits fondamentaux

La campagne électorale est l'occasion pour le Secours catholique de prendre position sur des sujets où les inégalités et les injustices sont criantes. Aussi l'association lance une campagne d'affichage, de spots radio, et de mobilisation de son réseau, avec les personnes accueillies, pour faire remonter auprès des candidats les préoccupations les plus urgentes. Celles-ci consonent avec la devise républicaine : Liberté, Égalité, Fraternité.

Le logement d'abord

La thématique de l'accès au logement pour les plus précaires, jeunes, étudiants, sans emploi ou travailleurs pauvres a été largement abordée.

Démocratie

Il ne s'agit pas de revendiquer un droit pour les pauvres, car ce serait alors faire un « pauvre droit », alors que ce qu'il faut c'est l'accès aux droits de tous, et à tous les droits. La question récurrente du non-accès au droit inquiète l'association.

Hausse des minima sociaux

Il y a nécessité de revaloriser le RSA de 25 %, d'en faire bénéficier les 18-25 ans, et de rehausser le montant de l'aide personnalisée au logement. La question du quotient familial a également été abordée, il est opportun de le moduler en fonction des revenus du foyer.

500 000 logements sur cinq ans

Voici les grands axes de revendication de l'association : pour une proportion de 25 % de logements sociaux dans les communes (20 % actuellement avec la loi SRU), pour un plan sur cinq ans de 500 000 logements supplémentaires, dont 150 000 logements sociaux, pour une simplification de l'accès aux droits sociaux et un changement de regard sur leurs bénéficiaires.

On trouvera les propositions du Secours catholique sur www.secours-catholique.org/elections-2012/ (consulté en février 2012). Voir, sur ce site, les quinze propositions.

Contact : Secours catholique-Caritas France
106 rue du Bac
75007 Paris
tél. : 01 45 49 73 00
www.secours-catholique.org

TABLE DES MATIÈRES

Achevé d'imprimer sur les presses
de la Nouvelle Imprimerie Laballery
58500 Clamecy
N° d'éditeur : 6236 – N° fab. : 6433 – N° d'imprimeur : 203142
Dépôt légal : mars 2012

Imprimé en France